CHANSONS

LES PEUPLES

PAR

LES MEMBRES DU CAVEAU

PARIS

Chez E. DENTU, libraire,

17 et 19, galerie d'Orléans.

1878

LES PEUPLES

AVERTISSEMENT

———

Les Chansons que contient ce recueil ont été faites sur des MOTS tirés au sort et chantées au Banquet annuel (dit Banquet d'Été) qui a eu lieu le vendredi 21 juin 1878, chez M. ORY, restaurateur, n° 10, avenue du Bois de Boulogne.

CHANSONS

LES PEUPLES

PAR

LES MEMBRES DU CAVEAU

PARIS

Chez **E. DENTU**, libraire,

17 et 19, galerie d'Orléans.

1878

LES PEUPLES

ALLOCUTION DU PRÉSIDENT

—

Air de *Renaudin de Caen*

Puisque nous nous réunissons
Pour chanter, ce soir, à la ronde,
Toutes les nations du monde,
Je dois un toast à vos chansons.

Puissions-nous ici marquer l'ère
Où le blanc, le cuivré, le noir,
Voyant dans chaque homme leur frère,
N'auront qu'un but et qu'un espoir !

Puisse enfin se réaliser
La grande paix universelle
Où nous verrons la foi nouvelle
Nous unir dans un seul baiser!

Alors on se dira : « Naguère
» Par quelles aveugles fureurs
» Nous faisions-nous ainsi la guerre
» Pour des rois et des empereurs ?

» Et qu'appelle-t-on l'étranger,
» Qu'appelle-t-on les vieilles haines ?
» Le même sang coule en nos veines ;
» Pourquoi donc nous entr'égorger ?

» Le sang qu'on répand sur la terre
» Ne peut rien y faire germer;
» Rien n'est fécond, ni salutaire,
» S'il ne nous vient du verbe aimer.

» Pratiquons cette loi d'amour,
» Par la science et l'Évangile :
» Que le beau, le grand et l'utile
» Au bien s'unissent sans retour! »

Le Caveau donne à tous l'exemple
D'une aimable fraternité,
Et c'est dans son modeste temple
Qu'on peut chanter en liberté.

Et quant à cette égalité
Qui, pour beaucoup, semble un problème,
Elle rayonne ici quand même
Dans l'éclat de notre gaîté.

De fleurs couronnons donc nos têtes ;
Mélangeant drapeaux, écussons,
Des peuples préparons les fêtes
Par notre exemple et nos chansons !

CHARLES VINCENT,

Membre titulaire, Président

LES AMÉRICAINS

—

Air de *Calpigi*

Si l'on traverse l'Atlantique
Pour aborder en Amérique,
On rencontre un peuple fameux
Par ses goûts, ses travaux, ses jeux,
Ses talents, ses travers nombreux.
Calmes, aventuriers de race,
Esprits pratiques pleins d'audace,
Mais avant tout républicains :
Ce sont là les Américains.

Chacun sait que du Nouveau-Monde
Le nom est une erreur profonde;
Car ce fut Christophe-Colomb
Qui, le foulant de son talon,
Y planta le premier jalon.
Mais un voyageur plein d'astuce,
Qu'on nommait Améric Vespuce,
Par mille procédés mesquins
Baptisa les Américains.

Sur cette terre mitoyenne,
Chaque puissance européenne
Voulut voir flotter son drapeau,
Et s'en offrit quelque morceau,
Mais l'Angleterre eut le plus beau.
Puis, l'indigène et le sauvage
Furent réduits à l'esclavage
Par de civilisés coquins,
Exploitant les Américains.

La guerre de l'Indépendance
Vint opérer leur délivrance,
Et ce peuple, d'abord surpris,
Que l'on traitait avec mépris,
Sut renaître de ses débris.
Washington avec Lafayette
Des bataillons prenant la tête,
Et chassant bientôt les faquins,
Fait libres les Américains

On dit que les mœurs d'Amérique
Ont un cachet par trop pratique,
Qu'avec les filles, les garçons,
Voire même les nourrissons,
On pousse trop loin les leçons.
Vraiment, c'est faire fausse route,

1.

Et l'on ne peut pas mettre en doute,
En dépit des esprits taquins,
La vertu des Américains.

Les Américains en voyage
Font preuve d'un rare courage;
Leur sang-froid est proverbial,
Je dirai même original,
Mais il leur manque l'idéal.
S'ils n'ont pas inventé la poudre,
Ils ont fait la machine à coudre,
Et font fi des Dominicains;
Ah! les heureux Américains!

Les Américains font école;
La République est leur idole,
Elle bannit les courtisans,
Et voit s'accroître, tous les ans,
Le nombre de ses partisans.
Chez eux, point de bouche inutile,
Point de politiqueur futile,
Point de députés mannequins;
Hourrah! pour les Américains!

JULES ÉCHALIÉ,

Membre titulaire.

LES ANGLAIS

—

Air : *Bonjour, mon ami Vincent*

Messieurs, le sort m'a donné
Un peuple qu'on n'aime guère ;
Je suis bien déterminé
A lui faire encor la guerre.
Je ne puis vanter ses exploits,
Il a ravagé le pays gaulois.
  Ma foi ! tant pis pour l'Angleterre,
Si je lui refuse aujourd'hui mon la !
      Tant qu'il se croira
      Le *nec plus ultra*,
Je ne chanterai pas ce peuple-là !

Je suis allé, l'autre jour,
Par un bateau-mouche à Londre ;
J'ai vu, là, dans mon séjour,

Vraiment, de quoi me confondre. :
Du bruit, du feu, comme en enfer,
Des marteaux-pilons pour tasser le fer.
Et des hauts fourneaux pour le fondre.
Anglais, au Creusot, j'ai vu tout cela !
Tant qu'il se croira
Le *nec plus ultra*,
Je ne chanterai pas ce peuple-là !

Libéral et souverain,
L'Anglais est fort dans son île,
Il est froid et sans entrain,
Mais son commerce est facile.
Au dehors il ne parle pas,
D'un rosbif saignant il fait son repas;
Affairé, courant par la ville.
Il passe avant vous, malgré vos holà.
Tant qu'il se croira
Le *nec plus ultra*,
Je ne chanterai pas ce peuple-là !

Partout où ce peuple veut
Monter une concurrence,
Il part, et rien ne l'émeut,
Pour être en prépondérance.
Maître des mers par ses vaisseaux.

Les rois indiens sont ses grands vassaux ;
   Il a respect et déférence.
Je suis fort jaloux de l'honneur qu'il a,
      Tant qu'il se croira
      Le *nec plus ultra*,
Je ne chanterai pas ce peuple-là !

   A notre Exposition.
  La plus belle des conquêtes,
    Cette grande nation
  Vient·prendre part à nos fêtes.
  J'oublierai le jour inhumain,
Où l'Anglais pouvait nous tendre la main,
  C'est fini... nous serions bien bêtes,
D'en vouloir au peuple un jour de gala,
      De gloire il rêva
      A Balaclava ;
Hurrah pour l'Anglais, car il était là !

HIPPOLYTE POULLAIN,

Membre titulaire.

LES ARABES

—

Air de *la Femme à barbe*

Chanter les Arabes, voilà
La loi que le hasard m'impose ;
A parler de ce peuple-là
Il faut bien que je me dispose.
Un autre m'aurait, sans façons,
Mieux été pour plusieurs raisons ;
Pour moi, le plus grand de ses crimes,
C'est que son nom a peu de rimes.
Puisqu'enfin j'y suis condamné,
Chantons ce que l'on m'a donné ;
Mais, soit dit en quatre syllabes,
J'ai peu de goût pour les Arabes

Ce peuple est un des plus anciens
Parmi les races sémitiques.
Quels antécédents sont les siens ?
Quelles ont été ses pratiques ?

Aux savants si l'on s'en remet,
Il est clair qu'avant Mahomet
Son histoire est des plus osbcures
Et laisse tout aux conjectures.
Donc, sur ce pont je me tairai,
Ce qui, du reste, est à mon gré;
Car, soit dit en quatre syllabes.
J'ai peu de goût pour les Arabes.

Les Arabes, peu novateurs,
Ont gardé les mœurs primitives
De leurs encêtres, les pasteurs;
Au joug leurs âmes sont rétives.
Aussi sobres que leurs chameaux,
Ils conduisent ces animaux;
Enfin, pour vertu familière,
Ils ont l'humeur hospitalière.
Mais, comme ils sont très querelleurs,
Vindicatifs, fourbes, voleurs,
Je le dis en quatre syllabes,
J'ai peu de goût pour les Arabes.

Son cheval aux jarrets d'acier
Pour l'Arabe est un vrai fétiche;
On dit : L'Arabe et son coursier,
Comme saint Roch et son caniche.

C'est son fidèle compagnon,
Il l'appelle du plus doux nom ;
Quant à sa femme, il la maltraite,
Et puis la met à la retraite.
Aussi, pour ce sexe charmant
Moi qui suis plein d'attachement.
Je le dis en quatre syllabes,
J'ai peu de goût pour les Arabes.

Secs, basanés et peu barbus,
Sous les émirs, leurs dignitaires,
Ils sont partagés en tribus
Ou nomades ou sédentaires :
Les fellahs vivent dans leurs coins ;
Les nomades sont les *bédouins*,
Ces bédouins, longtemps invincibles,
Qui prenaient nos troupiers pour cibles.
Bien qu'en apparence soumis,
Ils sont restés nos ennemis,
Et, soit dit en quatre syllabes,
J'ai peu d'amour pour les Arabes.

Là-bas, ils mangent le kouskous,
Ou fument, assis sur des nattes ;
En France, sous leurs blancs burnous,
Ils vendent des figues, des dattes...

Mais je fatigue les échos
En parlant de ces moricauds.
Sans prendre des airs trop superbes,
Empruntons un de leurs proverbes :
Et, puisque le *silence est d'or*,
Arrêtant mon trop long essor,
Ménageons ici les syllabes,
Lorsque je chante les Arabes !

Léon GUÉRIN,

Membre associé.

LES AUTRICHIENS

—

Air du *Jaloux malade*

Au diable soit le sort contraire
Qui me fait chanter tout-à-coup,
Un des grands peuples de la terre
Que je ne connais pas du tout !

Comment donc sortir, à ma gloire,
De l'embarras où me voilà,
Et trouver dans mon écritoire
Les vers de cette chanson-là ?

Je ne fis jamais qu'un voyage,
Ce fut de Paris à Nogent.
Je partis à pied, sans bagage,
Léger de cœur, léger d'argent.
L'Amour pour me faire une niche,
Soudain, me cria : halte-là !
Je vais donc mal chanter l'Autriche,
N'ayant pas vu ce pays-là.

A l'auberge, au bout de ma course,
L'Amour me conduisit ; et moi,
Je dis à l'hôte : « Prends ma bourse,
» Je veux faire un festin de roi. »
J'ai bu les vins de ma patrie,
Au fond du broc mon cœur coula.
Quant au tokai de la Hongrie,
Je ne connais pas ce vin-là.

L'aubergiste avait une fille
Aux yeux séduisants ; et l'Amour

De nous trois fit une famille
Qui sera plus nombreuse un jour,
Rien ne vaut nos Parisiennes,
Tous les Français savent cela.
Pour aimer les Autrichiennes,
Il faut avoir été par là.

Le peuple joyeux de la France,
Esprit léger, mais cœur profond,
Sait rendre aux peuples en souffrance
Le bien pour le mal qu'ils lui font.
Bravoure, ardeur, gaîté gauloise,
Vous mettez en fuite Attila.
Malgré la bonne humeur viennoise,
On est mieux chez nous que par là.

En l'art de la diplomatie,
Les Autrichiens sont très forts ;
A vaincre leur suprématie
Bismarck applique ses efforts.
Ils nous donnèrent une reine
Qu'un peuple en délire immola.
J'ai vingt ans, et mon cœur sans haine
Désapprouve ce meurtre-là !

ÉMILE CATELAIN,

Membre associé

LES BRÉSILIENS

—

Air de *Ninon chez Mme de Sévigné*

Leur nom, d'origine bizarre,
Doit d'abord vous être expliqué :
Ils ont chez eux un arbre rare
Qui, par la coignée attaqué,
Donne un bois, rouge comme braise.
Leur facilitant les moyens
De trafiquer tout à leur aise :
D'où leur nom de Brésiliens.

Des Portugais ouvrez l'histoire,
Vous verrez cette nation
Au Brésil, non sans quelque gloire,
Porter sa domination ;
Puis, au début de sa conquête,
Y déporter tous ses vauriens...
Triste échantillon ! triste fête
Pour les pauvres Brésiliens !

Mais bientôt des trésors splendides
S'offrent aux Portugais surpris;
Ils creusent de leurs mains avides
Le sol de ce nouveau pays;
Diamants, mines d'or profondes
Vont vite devenir leurs biens,
Et leurs vaisseaux, fendant les ondes,
Dépouillent les Brésiliens.

Le Portugal, de sa richesse
S'enorgueillit; mais, un beau jour,
Le Hollandais avec adresse
Le chasse et domine à son tour.
Mais son règne n'est qu'éphémère;
Le Portugais, riche en moyens,
Lui fait repasser l'onde amère,
Et reprend ses Brésiliens.

Que de luttes! que de tempêtes!...
Quel peuple fut plus opprimé?
Heureux aujourd'hui, dans ses fêtes,
Il acclame son chef aimé.
Don Pédro, le traitant en père,
Lui fait oublier ses liens,
Et son règne, doux et prospère,
Est béni des Brésiliens.

Notre France républicaine
Vient d'accueillir le souverain;
Il s'est montré d'humeur sereine,
Habile sur plus d'un terrain;
Et bien qu'à ses titres il tienne,
Il s'est conduit en citoyen...
Que ce souvenir lui revienne
Chez son peuple Brésilien !

HIPPOLYTE FORTIN,
Membre correspondant.

LES CHINOIS

—

AIR de *Calpigi*

Sur les habitants de la Chine,
Nation d'antique origine,
Par le sort étant obligé
De faire un récit abrégé,
Sans avoir jamais voyagé,
D'après tout ce que j'ai pu lire

Sur ce vaste et puissant empire,
Je conviens que réellement :
La Chine est un pays charmant,
Mais bien cocasse assurément.

Par des documents qu'on peut croire,
Dans la nuit des temps, son histoire
Se perd et prouve toutefois
Que dans les arts, les mœurs, les lois,
Rien n'est nouveau chez les Chinois.
Depuis une époque lointaine,
Tout progrès reste en quarantaine,
Sans qu'ils y songent nullement :
La Chine est un pays charmant,
Mais bien cocasse assurément.

Les mandarins suivaient en Chine
De Confucius la doctrine;
Mais il paraît que, de nos jours,
Ses préceptes n'ont aucun cours
Dans Pékin et ses alentours.
Les bonzes n'ont plus d'influence,
Le dieu Fo, tombe en décadence
C'est comme en France exactement :
La Chine est un pays charmant,
Mais bien cocasse assurément.

Vous savez tous ici qu'en France
On implore la bienfaisance,
Afin de pouvoir à la fois
Racheter des petits Chinois,
Et leur faire adorer la Croix.
De Loyola l'hypocrisie
Inventa cette fantaisie;
Pour endosser ce boniment,
La Chine est un pays charmant,
Mais bien cocasse assurément.

On vante la philosophie
Des Chinois, et l'on certifie
Qu'auprès d'un lettré mandarin
L'adversaire le plus malin
A coup sûr, perdrait son latin.
Pour le lettré, sans stratagèmes,
Le plus sûr de tous les systèmes
Est d'en manquer complètement :
La Chine est un pays charmant,
Mais bien cocasse assurément.

On dit qu'ils ont trouvé la poudre,
Cette cousine de la foudre;
Mais néanmoins dans les combats
Ils font vibrer à tour-de-bras

Du tam-tam les bruyants éclats.
Pour effrayer leurs adversaires,
Ils ont des dragons, des chimères
Dont le carton est l'élément...
La Chine est un pays charmant,
Mais bien cocasse assurément.

Tout fier le Chinois se pavane,
Un' queue attenante au crâne ;
Cet appendice occipital,
Qui s'arrête à l'endroit du pal,
Est l'attribut national.
De l'homme seul étant l'indice,
Du beau sexe il fait le caprice,
Pour l'amour c'est un talisman...
— La Chine est un pays charmant,
Mais bien cocasse assurément.

Jamais un Chinois n'a la chance
De connaître, avant l'alliance,
L'épouse qu'il veut obtenir.
Il l'achète avant de s'unir
D'un père avide à s'enrichir ;
Sitôt qu'elle est sous sa tutelle,
Puisqu'il la prend toujours pucelle,
Jugez de son ravissement !...

La Chine est un pays charmant,
Mais bien cocasse assurément.

La famille est sainte et sacrée,
La paternité révérée;
Un père est constamment heureux
Lorsqu'il a des enfants nombreux,
Mais parfois ils sont malingreux.
Pour les guérir à sa manière,
Vite, il les flanque à la rivière,
Comme premier médicament.
La Chine est un pays charmant,
Mais bien cocasse assurément.

Dès qu'un Chinois dans son ménage
De sa moitié subit l'outrage,
Les coupables étant surpris,
Il faut qu'un des trois soit occis;
L'époux n'est jamais indécis,
La fureur en lui se concentre,
Et soudain... il s'ouvre le ventre,
Pour punir la femme et l'amant.
La Chine est un pays charmant,
Mais bien cocasse assurément.

Enfin, le Chinois est bizarre,
Intéressé, cupide, avare,

Quinteux, grotesque et chicaneur,
Au jeu qu'il aime à la fureur,
Parfois il risque avec ardeur,
Sur un coup de dés qui l'enflamme,
Ses biens, ses enfants ou sa femme,
Lui-même et... tout le tremblement.
La Chine est un pays charmant,
Mais bien cocasse assurément.

Bref, si je n'ai pu vous complaire,
Allez, demain, pour vous distraire,
Visiter cette nation,
Et fixez votre attention
Sur elle à l'Exposition;
Et devant les faces comiques
De tous ses magots excentriques,
Vous vous direz : — « Décidément,
» La Chine est un pays charmant,
» Mais bien cocasse assurément! »

MOUTON-DUFRAISSE,

Membre titulaire.

LES DANOIS

AIR : *Vaudeville des deux Edmond*

Sans préambule, sans exorde,
J'enfourche Pégase, et j'aborde
Le sujet qui m'est dévolu
Par le sort, ce maître absolu ;
Et dans l'arène où je m'élance,
Je vais gaîment rompre une lance,
Sans être un Lahire, un Dunois,
    Pour le peuple Danois.

Peuple d'origine normande,
Matiné de race allemande,
Peuple de granit et de fer,
Vivant sur mer et de la mer,
Il dirigeait dans la Baltique
Ses nefs à la voile gothique,
De simples coquilles de noix
    Pour le peuple Danois.

Pas à pas, pour mon auditoire,
Je ne suivrai pas son histoire,
Depuis son roi, nommé Canut,
Un des premiers qu'on lui connut.
Glissons sur les mœurs de ces braves,
Sur ces légendes scandinaves...
Qui, du reste, sont du chinois
    Même pour les Danois!

Bien qu'en proie à la monarchie,
Leur nation s'est enrichie
De sages lois, d'immunités,
Garantissant ses libertés.
Dans les arts et dans les sciences,
Elle a fait des progrès immenses;
Pour ces pacifiques tournois,
    Honorons les Danois!

Ils ont de nombreuaes écoles
Industrielles, agricoles,
Et chez eux, pas un artisan,
Pas un soldat, un paysan,
Qui ne sache au moins lire, écrire;
Sous ce rapport, il faut le dire,
Que de bretons, de champenois,
    Sont bien loin des Danois!

Comme ombre au tableau, parlerai-je
De l'annexion sacrilège
Du Schleswig-Hostein, ces duchés
Par la *force* au *droit* arrachés?
Non! ne parlons pas de la Prusse,
De ses trames pleines d'astuce;
Oublions le renard sournois,
    En chantant les Danois!

Ennemis de la tyrannie,
Les premiers, dans leur colonie,
Ils donnaient à la chrétienté
L'exemple de l'humanité;
Car ils ont, en hommes intègres,
Aboli la traite des nègres.
Ce seul trait, plus que vingt exploits,
    Fait honneur aux Danois.

Les Danoises, moins la folie,
Rappellent la blonde Ophélie;
Quant aux chiens, pour leurs qualités,
A juste titre, ils sont vantés.
Aussi, pour la race canine,
Et pour la race féminine,
Si fertile en jolis minois,
    Hourrah pour les Danois!

EUGÈNE GRANGE,
Membre titulaire

LES ÉCOSSAIS

—

AIR de *Calpigi*

De notre ami La Bédollière
Puisque la muse hospitalière
Ne reçoit pas les Écossais,
Moi, je vais chanter les succès
De ce peuple ami des Français.
Car c'est un peuple redoutable,
Brave, sensible, charitable...
Mais pourquoi, même en bataillons,
Ne met-il pas de pantalons ?

De l'Écosse, à son origine,
Le premier roi fut Macalpine ;
Il eut deux couronnes pour lots :
Celle des Pictes et des Scots ;
J'ignore d'où viennent ces mots.
Mais c'était en huit-cent-quarante,
Et je comprends qu'on se contente,
Privé de toile et de coton,
D'un premier roi sans pantalon.

Viennent Malcom, Duncan... le reste;
Et puis vient l'époque funeste
Où les Saxons, fuyant l'Anglais,
Changent les mœurs des Écossais,
En leur amenant les progrès.
Des Saxons, les Écossais prennent
Jusqu'aux coutumes qui les gênent,
Les ridicules, les jargons,
Tout... excepté leurs pantalons.

C'est alors qu'ils entrent en guerre :
Édouard premier, roi d'Angleterre,
Déjà triomphe, ou peu s'en faut ;
Wallace meurt sur l'échafaud,
Les Écossais sont pris d'assaut,
Mais aux Anglais qui les rencontrent,
En fuyant, les Écossais montrent
Autre chose que leurs talons,
Ne portant pas de pantalons.

Bruce ramène la victoire ;
Longtemps il se couvre de gloire,
Mais il mourut. — Son héritier
Fut un Stuart, Jacques premier,
Un César légiste et guerrier.
Grand réformateur, il domine,

Et comme l'autre, on l'assassine...
Ah ! tous les peuples sont félons,
Qu'ils aient ou non des pantalons !

Du premier Jacque à Jacques quatre,
On ne cesse plus de se battre.
Jacques quatre, que ça lassait,
Épousa — ce fut bientôt fait —
La jeune fille d'Henri sept ;
Et l'on vit, après cette noce,
L'Angleterre unie à l'Écosse,
Les Anglais couverts de galons,
Les Écossais sans pantalons.

Mais Jacques cinq fit la bêtise
D'épouser la fille de Guise ;
Cela mettait la France en jeu,
Et partout rallumait le feu,...
Dame ! la paix dura fort peu.
De plus, arriva la réforme :
En Écosse tout se transforme ;
On change de convictions,
Mais sans changer de pantalons.

Des Stuarts la race est tarie :
Vous parlerai-je de Marie,
De ses amours, de ses malheurs,

D'Élisabeth, de ses fureurs ?
Rirai-je de tant de douleurs ?
Non ! mais il faut que je constate
Ce que l'on vit à cette date :
Deux femmes se prendre aux chignons
Pour un peuple sans pantalons.

Enfin Scribe assure, en personne,
Que l'hospitalité se donne
Chez le montagnard écossais,
Et qu'elle ne s'y vend jamais.
Scribe doit avoir raison ; mais
Pourquoi, faisant plus qu'ils ne doivent,
Lorque si bien ils nous reçoivent,
Même dans leurs propres maisons,
Ont-ils si peu de pantalons ?

C'est qu'ils sont toujours en campagne
Dans les halliers, dans la montagne,
Qu'il y poursuivent le chamois,
Et quelquefois de frais minois,
Toujours pressés, toujours adroits.
Ils passent d'arbuste en arbuste,
Et, comme ils n'ont que le temps juste,
C'est peut-être pour ça que l'on
Ne leur voit pas de pantalon.

CLAIRVILLE,
Membre titulaire.

LES ÉGYPTIENS ET LES GRECS

—

Air : *Dis-moi donc, mon p'tit Hippolyte*

Je n'ai jamais rêvé la gloire
De nos académiciens ;
N'attendez pas de moi l'histoire
De ces·deux grands peuples anciens :
Les Grecs et les Égyptiens.
Mais puisqu'il le faut, je me risque
A parler d'Isis et d'Éros ;
Je vais consulter l'Obélisque
Et les vieux marbres de Paros.

Cet Obélisque gigantesque
Qui du sol monte, audacieux,
Et dont la pointe semble presque
Défier la foudre des cieux,
Annonce un peuple ambitieux.
Sous les marbres grecs du vieux Louvre
Qui charment l'âme et les regards,
L'observateur bientôt découvre
Un grand peuple amoureux des arts.

Est-ce à l'Inde, à l'Éthiopie
Est-ce à l'Égypte, est-ce au Japon,
A l'Élide, où fut Olympie,
A la Chine, est-ce à l'Hellespont (1)
Que le premier temps correspond ?
J'ai consulté ceux qu'on renomme :
Du poète à l'historien,
Et je sais maintenant, en somme,
Que le plus savant... n'en sait rien

Je sais qu'un Sesostris terrible
A tant répandre tant de sang
Qu'on le surnomma l'*invincible*;
Mais, contre un catharre, impuissant,
Il succomba rien qu'en toussant.
Je sais qu'Alexandre, un génie,
Eut encor plus d'ambition,
Et qu'il mourut, — quelle ironie ! —
D'une simple indigestion.

Je sais qu'au vieux temps des Pélasges,
Temps où florissait la vertu,
Une épouse des moins volages

Ancienne Mysie.

Vit, un soir, son honneur perdu
En mangeant du fruit défendu.
Ce fut en filant de la laine
Pour faire un bonnet grec, hélas !
Que succomba la belle Hélène
Et qu'elle coiffa Ménélas.

Je sais que dans l'ancienne Grèce
Lycurgue mangeait du brouet,
Une soupe noire à la graisse
Dont on a perdu le secret,
Et ce dont je n'ai nul regret.
Mais Périclès, mais Aspasie,
De bien vivre plus soucieux,
Ensemble mangeaient l'ambroisie,
Et l'on sait qu'ils s'en trouvaient mieux.

Mais trève à de vaines critiques ;
On le sait trop, en vérité,
Aujourd'hui comme aux temps antiques,
Notre mesquine humanité
A toujours son mauvais côté.
Allons à ce qui passionne :
L'Égypte et la Grèce au tombeau
Laissent un passé qui rayonne ;
L'une a fait grand, l'autre a fait beau !

Le grand, l'Égypte en tout l'atteste,
Il ne fut jamais mieux compris ;
De l'Égypte ce qui nous reste
Est imposant, quoiqu'en débris,
Et les plus fiers en sont surpris.
A la fois savante et mystique,
Malgré l'histoire aux yeux de Lynx,
Entre l'Asie, entre l'Afrique,
L'Égypte apparaît comme un sphynx.

Le beau, qui donc oserait dire
Que les Grecs ne l'ont pas trouvé ?
Appelles ou Phidias inspire
Le chef-d'œuvre aujourd'hui rêvé ;
Par eux l'artiste est captivé.
Même pour les aimables choses
Qu'on chantait loin du Parthénon,
Pour l'amour, le vin et les roses,
Qui donc remplace Anacréon ?

CHARLES VINCENT,
Membre titulaire, Président

LES ESPAGNOLS

AIR de Mme *Favart*

Pour vous chanter, peuples d'Espagne,
Hidalgos, donas, senorès,
Il faudrait avoir pour compagne
La plume au moins de Cervantès.
Or, pour vous faire une harangue,
O beau pays de dona Sol,
Je ne possède que ma langue,
Car *non se hablar Espanol.*

Je pourrais faire l'historique
De ce pays original,
Vous dépeindre l'Espagne antique.
Ça me donnerait trop de mal ;
Sur ce sujet que je repousse
Avec un sentiment d'effroi.

Vous pouvez consulter Larousse,
Il en sait bien plus long que moi.

Je pourrais, certes, vous décrire
L'Escurial et l'Alhambra,
De Charles-Quint le vaste empire,
Qui sous Philippe Deux sombra ;
L'Alcazar et ses sycomores,
Vous dire les combats brillants
Des Espagnols contre les Maures ;
Mais occupons-nous des vivants.

L'Espagnol est très-fanatique
De ces combats où les taureaux
Éventrent, de façon magique,
Picadores et torreros ;
Pour pénétrer dans cette arène,
Pour applaudir à la spada,
Du mendiant jusqu'à la reine,
Chacun porte sa piècetta.

C'est le pays des castagnettes,
De la mandoline aux doux sons,
Où don Juan comptait ses conquêtes
Par mille *é trè*, — où les chansons,

Sous prétexte de sérénades,
Volent en pleine liberté,
En dépit de tous les alcades,
Pour rendre hommage à la beauté!

Espagnoles, sous vos mantilles,
Avec vos doux yeux de velours,
De l'Aragon aux deux Castilles,
Vous faites litière aux amours ;
Votre ciel parsemé d'étoiles,
Faisant naître la volupté,
Bientôt fait tomber tous les voiles
Qui dérobaient votre beauté.

Simple et sobre par sa nature,
Mais tout aussi fier qu'Artaban,
L'Espagnol vengerait l'injure
Qu'on ferait au nom castillan ;
Toujours armé de sa rapière
Et l'esclave du point d'honneur,
Il ferait mordre la poussière
A son obscur blasphémateur.

Peuple badin, peuple frivole,
— Me répond un petit esprit, —

Peuple qui n'a que la parole,
Qui parle bien plus qu'il n'agit.
Pourtant, au temple de mémoire,
Quoi qu'il en soit, il est un nom
Qui resplendit, couvert de gloire,
Celui de Christophe Colomb (1).

Nous citerons dans la peinture
Et Velasquez et Ribeira;
Joignons à la nomenclature
Zurbaran, Murillo, Goya;
Leurs tableaux, que le monde admire,
Vont droit à l'immortalité,
Et l'Espagne, qui les inspire,
Jouit de leur célébrité.

Illustre auteur de *Don Quichotte*,
Je manquerais à mon devoir,
Si je ne trouvais une note
Pour célébrer ton gai savoir;
Ton héros, aux combats comiques,
Dans notre souvenir vivra,

(1) Quoique Christophe Colomb soit Génois, l'Espagne peut à bon droit le revendiquer comme sien.

Tout aussi bien que les répliques
De ton joyeux Sancho Pança.

Voyez l'adorable Rosine,
Grâce aux conseils de Figaro,
D'une façon piquante et fine,
Se moquer du sot Bartholo ;
En dépit du sournois Basile,
De ses propos calomnieux,
On voit se dénouer l'idylle
En faveur de nos amoureux.

J'ai fait une esquisse légère
De ce pays cher aux amours,
Je pourrais élargir la sphère
Où rayonnent de si beaux jours ;
Mais je crains que l'ennui vous gagne,
N'oublions pas, nous, les Français,
Que ce qui révéla l'Espagne
Ce fut l'œuvre de Beaumarchais.

A. FOUACHE,

Membre honoraire.

LES ESQUIMAUX

—

Air : *V'là c'que c'est qu'd'aller au bois*

Le Caveau l'ordonne, obéis,
Ma muse, il faut voir du pays;
Pour une mission scientifique,
    Debout! sans réplique,
    Vers le pôle arctique
Cinglons, pour peindre les tableaux
    Qu'on voit chez les Esquimaux!

Des bruyères et des buissons,
Jamais de fruits ni de moissons,
La neige, là, semble une housse,
    Sur ce sol où pousse
    Rien que de la mousse,
Pas plus de lilas que d'ormeaux :
    V'là l'pays des Esquimaux!

Tête large, front mal bâti,
Bouche énorme, nez aplati,
Lèvres grosses, teint olivâtre,
　　Tignasse jaunâtre,
　　Tournur' peu folâtre,
Total de vilains animaux :
　　V'là l'portrait des Esquimaux !

Ces naturels, peu folichons,
Sont tous coiffés de capuchons
Qui ne sent'nt pas les bergamottes;
　　Pour se fair' des bottes,
　　Vestes et culottes,
Des veaux marins ils prenn'nt les peaux :
　　V'là l'costum' des Esquimaux !

Dans le sol, pour leur logement,
Ils font un trou tout simplement,
Pour bâtir leurs huttes en neige
　　Où l'ours les assiége.
　　Mais l'chien les protège ;
Pour truelle ils ont leurs couteaux :
　　V'là l'palais des Esquimaux !

Ils sont gourmands, mais peu gourmets,
Des poissons crûs sont leurs seuls mets,

Qu'ils assaisonn'ent d'huil' de baleines;
Leurs larges bedaines
En sont tell'ment pleines,
Qu'on croit voir marcher des tonneaux :
V'là l'régim' des Esquimaux!

Du luxe ignorant les abus,
Ce peuple, privé d'omnibus,
N'a pour trimbaler son bagage,
S'il part en voyage,
Pour tout équipage,
Que ses chiens att'lés aux traîneaux :
V'là l'tramway des Esquimaux !

Bref, ils sont chasseurs et pêcheurs,
Sournois, jaloux, mauvais coucheurs,
En tout disgrâciés d'la nature;
Enfin, pour conclure,
Sans leur faire injure,
Ils sont sauvages et pas beaux :
V'là c'que c'est qu'les Esquimaux!

DUVELLEROY,

Membre assosié

LES FLAMANDS

—

Air : Vaudeville du *Rémouleur et la Meunière*

Quoi, pour que je me fasse entendre,
Et pour que mes couplets soient lus,
Le hasard me donne la Flandre,
Un pays qui n'existe plus !
Certes, sa gloire fut bien grande ;
Mais ce pays, connu de nous,
Fut remplacé par la Hollande,
Et la Belgique, savez-vous ?

Tant pis, mon seul mot c'est la Flandre,
Un peuple bien tranquille, mais
Qui, sans cesse, eut à se défendre
Et ne se reposa jamais.
Or, ayant à faire comprendre
Comment il disparut, je vais
Parler, en parlant de la Flandre,
Des Belges et des Hollandais.

D'abord, le bonheur accompagne
Cette Flandre qui n'était rien
Sous les César, les Charlemagne ;
Elle commençait assez bien.
Un gigantesque territoire
D'une bonne fertilité,
Peu de besoins, très peu de gloire,
Et beaucoup de tranquillité.

Mais les grands peuples de la terre
S'attaquent aux peuples enfants ;
Bientôt la France et l'Angleterre
Inquiétèrent les Flamands.
On se battit et de ces guerres
Naquirent les ambitions,
Les ducs, les rois héréditaires,
Et puis les révolutions.

Une reine, mon héroïne,
Jeanne étonne le monde entier ;
A la bataille de Bouvine,
Son époux est fait prisonnier,
Et sa fortune, des moins grandes,
A payer sa rançon passa ;
Ce trait fait honneur aux Flamandes,
Peu de femmes auraient fait ça.

Ah! dans votre orgueil ordinaire,
Vous croyez, modernes Français,
Avec un nouveau luminaire
Éclairer de nouveaux progrès.
Eh bien! la reine Marguerite
Fit décréter, sachez ceci,
L'éducation gratuite
Et même obligatoire aussi.

Oui, Messieurs, même au moyen-âge,
On a prononcé ces grands mots
Qui, perdus en un temps d'orage,
Ne frappèrent que des échos;
Puis luttant sans pouvoir s'entendre,
Grâce aux combats de maint géant,
Tout retomba comme la Flandre
Dans le silence du néant.

Vers treize-cent, la bourgeoisie
Remplace enfin peuples et rois,
Dont, par son aristocratie,
Elle usurpe les anciens droits;
Le peuple se révolte, crie...
Hélas! on en revient aux coups,
Et l'on traite la bourgeoisie
Absolument comme chez nous.

Puis, l'invasion étrangère...
C'est la même histoire toujours.
Donc, laissons de côté la guerre,
Disons pourtant que, de nos jours,
Si nous ne voyons plus de Flandre,
C'est que ce grand peuple de fous
N'est arrivé qu'à se comprendre,
Comme nous nous comprenons tous.

Non, ne parlons plus de ses guerres,
Mais de ses hommes de talent;
Citons ses grands noms littéraires,
Les Van Hooft, les Van Maerlan.
Citons ses hommes de science :
Ledegrand, Van Ryswich; — enfin,
Acclamons Henri Conscience,
Le regretté contemporain.

Et puis ses peintres de génie...
Mais les nommer jusqu'au dernier,
Trop grande en est la compagnie :
Paul Rubens, Mieris, Renier,
Et que de Van! c'est un vrai rêve :
Van Dyck, Van Huysum, Van Goyen,
Van Dervelde, Van Nerk, Van Cleve,
Van Valchanbourg, Van der Meulen.

Van Campel, Van Oost, Van Ostade,
Van Craesbeke, Van Stimmer,
Van der Hoecke, Van Stocade,
Van der Heyden, Van der Neer,
Van der Verff, Van Croyon, Van Brée,
Van Ryn (le célèbre Rembrandt),
Puis encor, sans compter Borée,
Une trentaine d'autres Van.

Sans compter Borée... et la glace,
Sans compter Borée, oh! non pas!
En Flandre tout gèle sur place.
Ma chanson s'en ressent, hélas!
Elle est froidasse, elle est grimaude,
Mais je ne pouvais pas, je crois,
Vous faire une chanson bien chaude
En parlant de pays si froids!

CLAIRVILLE,

Membre titulaire

LES FRANÇAIS

—

Air de *la Treille de sincérité*

Sur terre,
Pour leur caractère,
Pour leur gaîté, pour leurs succès,
Partout on cite les Français !

Jadis les Gaulois, nos ancêtres,
Qui déjà faisaient des jaloux,
Etaient, à leur début, des êtres
Assez barbares, entre nous ;
Aujourd'hui lorsqu'ils nous décochent
Leurs traits plus ou moins aiguisés,
Certains étrangers nous reprochent
D'être un peu trop civilisés.

Sur terre, etc.

En amour, comme en politique,
Ils sont, dit-on, capricieux,
Soit; mais, grâce à cette tactique,
Le spleen est inconnu chez eux.
Ils sont forts en philosophie,
De latin et de grec farcis;
Mais quant à la géographie,
C'est le cadet de leurs soucis

      Sur terre, etc.

Légers, railleurs, aimant à rire,
On les a vus — vrais polissons —
Changeant souvent de point de mire,
Satiriser tout en chansons.
C'est juste; mais, ne vous déplaise,
Passant du bouffe au sérieux,
Quand ils chantent *la Marseillaise,*
Les rois écoutent anxieux.

      Sur terre, etc.

Ils sont, dit-on, ingouvernables;
Pourtant ces indisciplinés
Se laissent, par des chefs capables,
Conduire par le bout du nez.
On dit que, drapés dans leur gloire,

Ils sont casaniers et chauvins ;
Mais quel peuple a plus belle histoire,
Sol plus fécond et meilleurs vins ?

Sur terre, etc.

Il est vrai qu'ils sont peu modestes ;
Comment le seraient-ils ? En tout,
On imite leurs faits et gestes,
D'un bout du monde à l'autre bout.
Si dans les produits de l'usine
Ils ont des émules nouveaux,
Dans les beaux-arts et la cuisine
Ils restent toujours sans rivaux.

Sur terre, etc.

S'ils gobent de pieuses bourdes,
Plus par intérêt que d'instinct,
Ils préfèrent à l'eau de Lourdes
Le Suresne et le Chambertin.
S'ils aiment encor les panaches,
Les galons et les calembours,
A leurs princes, comme aux pataches,
Ils ont renoncé pour toujours.

Sur terre, etc.

Même de nos femmes, nos filles,
On glose... — Mais n'ont-elles pas
La grâce qui, des moins gentilles,
Rehausse les moindres appas ?
Certe, il en est de mœurs légères.
Celles-là, nous vous les cédons ;
Mais, messieurs, quant à nos rosières,
En bons Français nous les gardons.

      Sur terre, etc.

Mais d'une façon incivile
On dit : — « Qu'ont-ils produit de neuf ? »
Ils ont créé le vaudeville
Et fait aussi Quatre-vingt-neuf.
On leur doit Jeanne d'Arc, Voltaire,
Et l'auteur de *Pantagruel ;*
On leur doit la pomme de terre
Et le suffrage universel.

      Sur terre, etc.

Ils ont créé le journalisme,
Aboli l'inquisition,
Fermé les tours, ouvert un isthme
Et fondé le prix Montyon.
Si d'autres ont dompté la foudre,

Maints secrets ils ont su ravir;
S'ils n'ont pas inventé la poudre
Qui, mieux qu'eux, a su s'en servir?

Sur terre, etc.

Bref, on leur doit la loi salique,
Les aérostats, la vapeur;
On leur devra la République
Qui déjà ne fait plus si peur.
Les appréciant à la ronde,
Sans croire les désobliger:
« C'est le premier peuple du monde...
» Après nous, » dit chaque étranger.

Sur terre,
Pour leur caractère,
Pour leur gaîté, pour leurs succès,
Partout on cite les Français!

HENRY RUBOIS,

Membre associé.

LES HOLLANDAIS

—

AIR : *Ne raillons pas la garde citoyenne*

Je viens chanter un peuple dont l'histoire
Va nous tracer un curieux portrait,
Et dont elle a consacré la mémoire,
Pour plus d'un grand et d'un glorieux trait.
Tout à la fois industrieux et braves,
Se signalant par maints exploits divers,
Ces descendants des antiques Bataves
Ont pris leur place, un jour, dans l'univers.
Leur sol n'était rien qu'un marais immense
D'où s'élevaient quelques tristes îlots,
Cloaque impur, foyer de pestilence,
Que de la mer venaient couvrir de flots.
Lorsque bientôt, ingénieurs habiles,
Ils ont changé, de leurs adroites mains,
Le noir marais en des terres fertiles.
Noble labeur, digne des vieux Romains.
Pour conquérir sur les eaux leurs provinces,
Pour achever leurs digues, leurs canaux,

Pour se loger chez eux, comme des princes,
Que de courage et de rudes travaux!
Le Hollandais, en récoltant sa gerbe,
Sur ses guérets, cultivés avec soin.
Ainsi que Dieu pourrait, dans sa superbe,
Dire à la mer : « Tu n'iras pas plus loin! »
Si des castors déployant le génie,
Ils ont des eaux arrêté les efforts,
Ils ont aussi contre la tyrannie
Su se montrer aussi vaillants que forts.
Les nations ont leurs martyrologes,
On les verra dans la guerre des *gueux*,
En méritant le plus grand des éloges,
Mourir plutôt qu'être esclaves chez eux.
Horn et d'Egmont, deux gloires qu'on envie,
Ont du duc d'Albe affronté les bourreaux,
En achetant et payant de leur vie
Le beau droit d'être acclamés des héros.
Pour les venger tous les cœurs qui s'entendent
Sont accourus au cri qu'ils ont jeté,
Et c'est, du sang généreux qu'ils répandent
Pour leur pays, que naît sa liberté.
Mais devant vous il faut qu'ici j'évoque
De son histoire un des temps les plus beaux,
En rappelant cette brillante époque,
Où ses marins et ses nombreux vaisseaux
Sur lui jetaient un vif et nouveau lustre,
Lorsque Ruyter, ce grand nom hollandais,

A sa patrie a fait un rang illustre,
Et sur la mer a battu les Anglais.
A ce moment on ne soupçonnait guère
Sur la frégate où flottait l'étendard
De ce célèbre et grand homme de guerre,
Que, mousse obscur, servait notre Jean-Bart.
Trait d'union et gage d'espérance,
Entre ce peuple heureux et triomphant
Et notre cher et beau pays de France,
Dont Jean-Bart fut un glorieux enfant.
Pourquoi l'esprit des discordes civiles
Sur ce pays, en proie aux factions,
Fit-il, hélas! au milieu de leurs villes,
Souffler le vent des révolutions?
C'est quand régnait cet esprit sanguinaire,
Fléau du juste à bon droit exécré,
Que Jean de With, le grand pensionnaire,
Avec son frère un jour fut massacré.
Tranquille enfin dans son indépendance,
Ce peuple sage assure désormais
A tous les siens une heureuse abondance,
En cultivant tous les arts de la paix.
Ses écrivains, ses bardes qu'on renomme,
Ont dans le monde acquis droit de cité,
Mais c'est surtout pour ses peintres en somme
Que justement il doit être cité.
D'illustres noms quelle riche pléiade
Signés au bas des plus charmants tableaux!

Metzü, Mieris, Ruysdael et Van Ostrade,
Potter, le roi des peintres d'animaux.
Faisant un choix dans cette académie,
N'oublions pas de parler du plus grand,
En rappelant le cours d'anatomie,
Ce beau tableau, chef-d'œuvre de Rembrandt.
Des Hollandais si la brillante école
Fut toujours chère à tous les connaisseurs,
Longtemps aussi la science horticole
Compta chez eux de savants professeurs,
Qui presque tous épris d'un goût bizarre,
La simple fleur excitant leurs dédains,
Ne recherchaient que la fleur la plus rare,
Pour embellir leurs célèbres jardins.
Mais aujourd'hui ces grands fumeurs de pipes
Ont renié leurs anciennes amours,
Ils ont cessé de rendre à leurs tulipes
Ce culte ardent qui marqua leurs beaux jours.
On ne voit plus les pères de familles,
Qui sur la rue avaient un haut pignon,
Donner en dot à l'une de leurs filles
De cette fleur un précieux oignon.
Muse, ta tâche est près d'être finie;
Mais, au moment de suspendre ton vol,
Montre-nous donc cette terre bénie
Dont le touriste aime à fouler le sol.
Du haut des airs contemplons ses villages,
Jetons ensemble un rapide coup d'œil

Sur ses troupeaux, sur ses gras pâturages,
Sur les cités qui font leur juste orgueil!
Belle et superbe au bord du Zuyderzée,
Celle qui s'offre à nos yeux tout d'abord,
Comme un navire, à l'ancre bien posée,
C'est Amsterdam, la Venise du nord.
Visitons-la pendant que la kermesse,
Des Hollandais ce joyeux rendez-vous,
Vient, du plaisir en leur versant l'ivresse,
Les transformer en un peuple de fous.
Il me souvient que par leur folle bande
Surpris un soir, moi pauvre voyageur,
Ils m'entraînaient dans une sarabande,
Sans remarquer de mon front la rougeur.
Toute la nuit servantes et maîtresses,
Dont les gaietés me causaient grand émoi,
M'emprisonnant dans leurs rondes traîtresses,
M'ont jusqu'au jour fait danser malgré moi.
La Haye aussi, charmante capitale,
Doit attirer un instant nos regards,
On n'y voit point le luxe qui s'étale,
Sous d'autres cieux, à la cour des Césars.
Dans son palais, sans qu'on lui cherche noise,
Marchant toujours d'un pas égal et lent,
Là, vit en paix la majesté bourgeoise
D'un sage roi que l'on dit vert-galant.
Type de la propreté hollandaise,
Voyons Broek si curieux à voir,

Broek où les gens ne se sentent pas d'aise,
Quand leurs parquets brillent comme un miroir.
A vol d'oiseau poursuivant notre course,
Vite, en passant, admirons Rotterdam,
Et, sans qu'il sorte un sou de notre bourse,
Nous pousserons jusques à Saardam.
C'est la cité qui dans ses murs renferme
Cet historique et lointain souvenir
Du souverain, dont jadis la main ferme
A de son peuple agrandi l'avenir.
C'est là qu'on vit, travaillant sans relâche,
Matin et soir, au fond d'un noir chantier,
Fier ouvrier, accomplissant sa tâche,
Pierre le Grand, l'empereur charpentier.
Quittons enfin cette heureuse contrée,
Dont le destin suit son paisible cours,
Et qui, vivant chez elle concentrée,
Semble ignorer ses troubles de nos jours.
A son beau sexe en offrant mes hommages,
Rendant justice à ses douces liqueurs.
Je vanterai, s'il le faut, ses fromages,
Leur préférant le parfum de ses fleurs.

EDOUARD RIPAILI,

Membre titulaire.

LES HONGROIS

—

AIR : *Qu'il est flatteur d'épouser celle*

Comme partait pour la Syrie,
Jadis, le jeune et beau Dunois,
Je vais partir pour la Hongrie
A la recherche du Hongrois.
Désire-t-on que je remonte
Vers son origine ? — A la fois
Fils de plusieurs pères, sans honte.
Il n'a que l'embarras du choix.

Le Magyare asiatique
En Hongrie arrêta ses pas;
Le sol existait — tout l'indique —
Mais le Hongrois n'existait pas.
Stovaque, Dalmate, Croate,
Russniaques, Illyriens,
Ont tous mis la main à la pâte
Du Hongrois qu'en ces vers je tiens.

Horde en haillons, à moitié nue,
Le Tsigane aussi s'abattit
Chez lui — sauterelle venue
D'où? — sur quel vent? — rien ne le dit.
Chanteur, rôdeur, voleur est l'homme,
Sombre poème aux noirs cheveux;
La femme est un vampire, un gnome,
Chacal qui rugit, amoureux.

Peuples divers, où chacun garde
De son berceau le souvenir,
Ses mœurs, sa langue, sa cocarde,
Qu'un hymen jaloux vient unir;
Malgré les siècles et l'usage
De vivre en un commun sentier,
De ces métaux nul alliage
N'a pu former un peuple entier.

Le Hongrois fier, chevaleresque,
Se dresse, ferme, sur ses droits;
Et, fidélité romanesque,
Il aime et respecte ses rois.
En arrière sur bien des choses,
Sa foi n'a pas éteint son feu:
Il croit au miracle des roses,
Et plie un genou devant Dieu.

4.

Il écrivit sa longue histoire
Avec l'épée — et le Hongrois
A fait sa cueillette de gloire,
Conduit par des reines, des rois.
Au gré de sanglantes bagarres,
Sous ces chefs désormais tombés,
Autrichiens, Turcs et Bulgares,
Et bien d'autres se sont courbés.

Je vois — souvenir de jeunesse —
Leur grand Estérhazy monté
Sur un noir coursier qui se dresse,
L'aigrette au front diamanté.
Un tigre mort lui sert de selle,
Et sur ses harnais de vermeil,
Golconde enchâssée étincelle...
Derniers feux d'un dernier soleil.

Le Hongrois garde un sol fertile,
Fécond en blés, riche en troupeaux;
Il fume un bon tabac, distille
Le tokai — Pour derniers joyaux
Il nous légua — la mode en passe —
Les beaux hussards qu'il fabriqua ;
N'est-ce point assez ? — Vite, en place !
Il nous invite à la polka.

JULES PETIT,
Membre associé.

LES INDIENS

—

Air du *Pas redoublé*

Dans le Champs-de-Mars, j'aperçois
   De graves personnages,
Coiffés comme des Iroquois,
   Portant robe à ramages.
Je crois les avoir reconnus
   A leurs jupes d'indienne ;
Ce sont de vrais Indiens, venus
   Sur les bords de la Seine.

Ce qui me semble surprenant,
   En les voyant paraître,
C'est que de l'Inde, maintenant,
   L'Anglais est le seul maître.
Cependant, voici des Indiens
   Dans leurs jupes d'indienne ;
Et nous voyons ces citoyens
   Sur les bords de la Seine.

Adieu Brahma, Siva, Vichnou!
  Ces grands dieux excentriques
S'en sont allés, je ne sais où,
  A l'état de reliques.
L'Indien s'est fait mahométan :
  C'est sa jupe d'indienne
Qui représente l'Indoustan
  Sur les bords de la Seine.

Par la puissance des Anglais
  Quand l'Inde est envahie,
Le peuple indien, dans les forêts,
  Se fait une patrie ;
Le vrai peau-rouge a disparu,
  Et la jupe d'indienne
Seule indique les gens du cru
  Sur les bords de la Seine.

Allant à l'Exposition,
  Si riche, on peut le dire,
Je vois avec émotion
  Un très beau cachemire,
Et, comme d'autres, admirant
  Cette belle œuvre indienne,
J'applaudis l'Inde se montrant
  Sur les bords de la Seine.

A. BUGNOT,
Membre honoraire.

LES IRLANDAIS

Air : *Le cœur à la danse*

Pour dépeindre les Irlandais,
  Je ferai, je vous jure,
D'avance, je le reconnais,
  Une triste figure.
 Car enfin je dois chanter
 Et sur ce peuple conter
  Une histoire suivie,
Esquissant ses mœurs à grands traits;
  Or, jamais de ma vie
  Je n'ai vu d'Irlandais.

Aujourd'hui tout comme autrefois,
  C'est un fait bien notoire,
Qu'à l'air pur, à l'ombre des bois
  Bien mieux qu'au réfectoire,
 Ils trouvent mâle beauté,
 Teint frais, force, agilité.

Je le comprends sans peine,
Et de plus je l'affirmerais,
Si j'avais eu la veine
De voir les Irlandais.

Mais si le sexe fort est beau,
Si pour lui la nature
Fut prodigue dès le berceau
Et combla la mesure,
Un Lovelace affamé
M'a récemment affirmé
Que la femme en Irlande
Est pleine de grâce et d'attraits...
Mais, je vous affriande :
Chantons les Irlandais !

Il paraît que l'instruction
Ne les occupe guère;
Aussi la superstition
Au milieu d'eux prospère.
Il est certain cependant
Que Burke, Flood, Shéridan
O'Connel, puis encore
Swift qu'on surnomme Rabelais,
Berkley, Goldsmith et Moore
Étaient bien Irlandais.

Jamais de la religion
    Ne sondant les mystères,
Ils ont la consolation
    D'imiter leurs grands-pères.
  S'ils croient, pour le bien public,
  A leur patron saint Patrick
    Faire de la réclame,
Je ne vois là rien de mauvais,
    Et ne veux pas d'un blâme
    Froisser les Irlandais.

Surchargés d'impôts fort ruineux,
    Et malgré leur misère,
Ces catholiques, ventres creux,
    Payent la bonne chère
  De pasteurs plus que dodus,
  Au réfectoire assidus.
    Maintenant je m'explique
Ce que très longtemps je cherchais :
    Comment en Amérique
    Émigre l'Irlandais.

Sept longs siècles persécutés,
    Luttant sans défaillance,
S'ils ont perdu leurs libertés,
    Ils gardent l'espérance.

Car on ne peut pas toujours
D'un fleuve endiguer le cours;
Et, ma foi, j'appréhende
Pour son voisin le peuple anglais,
Que le peuple d'Irlande
Redevienne irlandais.

ESTIENNE,

Membre associé.

LES ITALIENS

—

Air de *la petite Margot*

Sans remonter jusques au moyen-âge,
Des *mots donnés* subissant les liens,
Je viens ici présenter une page
Sur l'Italie et les Italiens.

Italiens ! lorsque ce mot résonne
L'esprit s'envole au temps de leur grandeur ;
Vers ce passé dont le présent s'étonne
Où vécut l'art, dans toute sa splendeur.

Mais ce n'est pas de l'époque brillante
Des Médicis, que traite mon discours ;
De l'Italie, enfin, ce que je chante
C'est, simplement, l'histoire de nos jours,

Soumis aux lois de tyranniques princes,
Ou sur leur sol subissant l'étranger,
Hors le Piémont, parmi ses sept provinces,
A l'unité nul ne pouvait songer.

Mais du Piémont le courageux monarque,
Grâce à Cavour, par des détours adroits,
Put, on le sait, si bien mener sa barque
Qu'il remplaça bientôt les autres rois.

Ce que j'admire et veux faire comprendre
(C'est pour cela que sont écrits ces vers),
C'est l'union, oui, c'est de voir s'entendre
Comme ils le font tant de peuples divers.

Cet enfant de l'Auvergne italienne :
Le Piémontais, frugal, laborieux,
Qui, croyez-en ma plume historienne,
Est brave, actif, tenace, ambitieux.

Les Milanais, mangeurs insatiables,
Bons commerçants... bien que peu délicats,
Dont on connaît les femmes admirables
De dévoûment, d'énergie et d'appas.

Les Florentins, cette orgueilleuse race,
Si bien les fils de Machiavello
Qui, conservant l'esprit fin de Boccace,
Sont fiers du Dante et de l'Arétino.

Puis ces enfants de l'antique Venise,
Vieux souvenirs de puissance et d'orgueil,
Semblant, malgré leur liberté reprise,
De leur passé toujours porter le deuil.

Quant aux Romains, je ne sais trop qu'en dire :
Sont-ils avec ou contre le pouvoir ?
Du Pape roi regrettent-ils l'empire ?
C'est, entre nous, ce qu'on ne peut savoir.

5

Napolitains, héros du *farniente*,
Au chaud soleil aimant tant à bâiller.
Ceux-là, pour sûr, poussent plus d'une plainte
Puisqu'il leur faut aujourd'hui travailler !

Faut-il parler de la pauvre Sardaigne,
Pays sauvage et moins qu'industrieux,
Où constamment le brigandage règne,
Peuple ignorant et superstitieux ?

Bref, je redis que, sous des lois nouvelles,
En quelques jours, les peuples s'inclinant,
Marchant unis sans bruit et sans querelles,
Sont de l'histoire un spectacle étonnant.

Je dois pourtant ajouter que la France,
Pour les aider ayant fait... quelques frais,
Put constater que la reconnaissance
Ne vient chez eux qu'après leurs intérêts.

L JULLIEN,
Membre titulaire.

LES JAPONAIS

—

AIR : *Maman, le mal que j'ai*

Les Japonais, convenons-en,
Sont un peuple très remarquable ;
Sans être en tout son partisan,
Je le trouve peu critiquable.
　　Aimant à vivre en paix,
Il est docile et gouvernable,
　　Drôles de Japonais !
Comme ils diffèrent des Français !

Ce peuple est fort industrieux,
A travailler il s'estomaque,
Fabrique des tissus soyeux,
Des objets de cuivre et de laque.
　　Loin des estaminets,
Aux soins de sa maison il vaque.
　　Drôles de Japonais !
Comme ils diffèrent des Français !

S'ils ingurgitent le *saki*,
(Des Japonais c'est le bourgogne)
Il n'est pas un seul buveur qui
Du vin abuse sans vergogne.
    Dans ce pays, jamais
Vous ne rencontrez un ivrogne.
    Drôles de Japonais!
Comme ils diffèrent des Français !

Parmi les peuples d'Orient,
Ils brillent par l'intelligence;
Aussi, là pas un mendiant,
Et peu de gens dans l'indigence ;
    D'ailleurs, les gros bonnets
Envers eux n'ont pas d'arrogance.
    Drôles de Japonais!
Comme ils diffèrent des Français !

Ils ont le teint jaune et cuivré,
Grâce au chaud soleil de l'Asie,
Et pour le beau sexe adoré
Ils sont remplis de jalousie;
    Mais, dans des cabinets,
Se passent mainte fantaisie.
    Farceurs de Japonais!
Comme ils diffèrent des Français!

Sait-on par quels soins, quels soucis,
Les Japonaises s'embellissent ?
Elles s'épilent les sourcils,
Et leurs dents, elles les noircissent.
       Oui, voilà les attraits
Qu'en elles leurs amants chérissent.
       Drôles de Japonais!
Comme ils diffèrent des Français !

Aux idoles ils sont soumis,
Et suivent les lois du boudhisme;
Pour les Esprits, nommés *Kamis*,
Ils ont aussi du fétichisme.
       Ils sont crédules ; mais
Ne gobent pas le communisme.
       Drôles de Japonais !
Comme ils diffèrent des Français !

Ils subissent du Mikado (1)
Sans plainte, le joug despotique,
Et nul ne songe, dans Jeddo (2)
A proclamer la république.

(1) L'empereur
(2) Capitale du Japon

Ils portent le harnais,
Sans s'occuper de politique.
   Drôles de Japonais !
Comme ils diffèrent des Français !

De plus, à l'instar du Chinois
Qui souvent, par ordre, s'éventre,
Tout Japonais, en tapinois,
Malgré le regret qu'il concentre,
   Aux souverains décrets
Obéit, et s'ouvre le ventre.
   Drôles de Japonais !
Comme ils diffèrent des Français !

Bref, c'est un peuple travailleur,
D'une bienveillance émérite,
Point chamailleur, point godailleur,
Et qui n'a rien du sybarite.
   Donc, je le reconnais,
Pour leurs vertus, pour leur mérite,
   J'aime les Japonais...
Mais je préfère être Français !

EUGÈNE GRANGÉ,   J. LAGARDE,

Membre titulaire.   Membre honoraire.

LES LAPONS

AIR : *Ah ! vous dirai-je, Maman*

Vers le pôle nord il est
D'étranges petits bonshommes,
Coiffés d'un très haut bonnet,
Comme les faux astronomes.

Sur ma tête j'en réponds,
    Regnard l'atteste,
        Et, du reste,
Sur ma tête j'en réponds,
Ces nains-là sont les Lapons.

Ce petit peuple, vraiment,
De l'Asie originaire,
Montre à l'Europe comment
L'homme devient centenaire.

Sur ma tête j'en réponds,
    Regnard l'atteste,
        Et, du reste,
Sur ma tête j'en réponds,
Cent ans vivent les Lapons.

Forts, sous un petit format,
Luttant contre la froidure,
Ils triomphent d'un climat
Qui rend l'existence dure.

Sur ma tête j'en réponds,
    Regnard l'atteste,
        Et, du reste,
Sur ma tête j'en réponds,
Robustes sont les Lapons.

Le Lapon, toujours errant,
Vêtu d'une peau de bête,
Pose sa hutte en courant,
Puis l'emporte sur sa tête.

Sur *la mienne* j'en réponds,
    Regnard l'atteste,
        Et, du reste,
Sur ma tête j'en réponds,
Nomades sont les Lapons.

Pourtant ils aiment leur sol,
Couvert de neige et de glace,
Ils adorent l'alcool.
Qui du soleil prend la place.

Sur ma tête j'en réponds,
        Regnard l'atteste,
            Et, du reste,
Sur ma tête j'en réponds,
Grands buveurs sont les Lapons.

Ils boivent le *soubbouvin*
Pour mieux rire aux fiançailles,
Et le chaud *palegavin*
Pour pleurer aux funérailles.

Sur ma tête j'en réponds,
        Regnard l'atteste,
            Et, du reste,
Sur ma tête j'en réponds,
Très *roublards* sont les Lapons.

Le renne, avec le poisson,
Formant seuls leur nourriture,
Le fusil et l'hameçon
Leur donnent rôt et friture.

5.

Sur ma tête j'en réponds,
　Regnard l'atteste,
　　Et, du reste,
Sur ma tête j'en réponds,
Pas de pain chez les Lapons.

Ils sont superstitieux,
Et, d'une façon affable.
Ils accueillent de faux dieux
Qui, sans Ovide, ont leur fable.

Sur ma tête j'en réponds,
　Regnard l'atteste,
　　Et, du reste,
Sur ma tête j'en réponds,
Crédules sont les Lapons.

Ils se passent de *quibus*,
Laissent leurs mines en friche ;
Le Lapon, pour l'*omnibus*,
N'a pas trois sous et s'en fiche.

Sur ma tête j'en réponds,
　Regnard l'atteste,
　　Et, du reste,
Sur ma tête j'en réponds,
Sans le sou sont les Lapons.

Ils offrent à l'étranger,
Qui sous leur toit se repose,
Outre des mets à manger,
Leurs femmes... pour autre chose.

Sur ma tête j'en réponds,
    Regnard l'atteste,
      Et, du reste,
Sur ma tête j'en réponds,
Complaisants sont les Lapons.

Quelques-uns sont chansonniers
Et poètes à leurs heures,
Quoique n'ayant ni greniers,
Ni salons en leurs demeures.

Sur ma tête j'en réponds,
    Regnard l'atteste,
      Et, du reste,
Sur ma tête j'en réponds,
On chante chez les Lapons.

A ses trois grands souverains,
Danois, Norwégien et Russe,
Le Lapon, si bas des reins,
Échappe comme une puce.

Sur ma tête j'en réponds,
Regnard l'atteste,
Et, du reste,
Sur ma tête j'en réponds,
Bienheureux sont les Lapons.

MONTARIOL,
Membre titulaire.

LE MAROCAIN

—

AIR : *Comme il m'aimait*

Le Marocain
Qu'il me faut vous chanter, en somme,
Est-ce le cuir que l'on renomme
Pour le harnais, le brodequin ?...
Si ce n'est le cuir, donc c'est l'homme ;
Oui parbleu, c'est l'homme qu'on nomme :
Le Marocain.

Du Marocain
Faisant appel à ma mémoire.

Et consultant un vieux grimoire
Venu du pays africain,
Je vous ennuierais, c'est notoire;
Aussi je me tais sur l'histoire
    Du Marocain.

    Le Marocain
Qu'ici je vous anatomise
Met-il ou non une chemise,
Est-il honnête homme ou coquin?
Je vais vous dire sans feintise
Ce qui, je crois, singularise
    Le Marocain,

    Le Marocain,
Bien loin de rester monogame,
Trouve que n'avoir qu'une dame
Est un procédé fort mesquin,
Songeant à ce que veut la femme,
Moi, je plains de toute mon âme
    Le Marocain.

    Le Marocain
Heureux ou non dans son ménage,
Pour garder ses poules en cage
Ou les sortir en palanquin,
A des eunuques qui, d'usage,

Abritent peu du cocuage
  Le Marocain.

Le Marocain
(Tous les goûts sont dans la nature),
Aime les enfants d'aventure,
Mais pas comme ce bon Berquin.
Que faut-il qu'on en conjecture?...
Blâmons dans cette conjoncture
  Le Marocain.

Le Marocain
A Mohammed restant fidèle,
Rêve le paradis modèle,
Et peut mourir, l'heureux faquin !
Dieu donne une femme nouvelle
Toujours belle et toujours pucelle
  Au Marocain.

Du Marocain
Laissant l'ennuyeuse chronique,
J'ai pris le côté drôlatique
Et si vous vous figuriez qu'in-
Parfait fût son panégyrique,
Eh bien ! allez voir en Afrique
  Le Marocain.

Louis PIESSE,
Membre titulaire

LES MEXICAINS

—

AIR du Vaudeville de *la Petite-Sœur*

Voisine des États-Unis
Et de l'Amérique centrale,
Leur très proche collatérale,
Une contrée aux flancs brunis
Près de la mer file en spirale.
Là-bas l'on achète, l'on vend,
On exporte, importe, trafique,
Et le couchant et le levant
Font un grand commerce au Mexique !

Cependant cette nation,
Sous bien des rapports méritoire,
A toujours — la chose est notoire —
Dû trouver la perfection
Chose étrangère à son histoire.
D'abord le climat est malsain,
Ce n'est jamais, fût-on phthisique,
D'après l'avis d'un médecin
Qu'on va faire un tour au Mexique !

Pour éviter tout quiproquo,
Et tout accès d'apoplexie,
Si votre nature apprécie
Un temps très frais, à Mexico
Il faut préférer la Russie ;
Car un soleil des plus dorés
Chaque jour lance un calorique
De trente ou trente-cinq dégrés
Sur le sol brûlant du Mexique !

Le Mexique se montre fier
De ses cactus à cochenilles,
Des sassafras et des vanilles,
De l'igname, couleur de fer,
Du maguey qui vient des Antilles.
Nous pouvons, sans être devins,
Dire qu'en fait de botanique
Les moindres roses de Provins
Valent les roses du Mexique !

Mais des Mexicains, direz-vous,
Il faut retracer la légende !...
Ah ! voilà ce que j'appréhende...
Vélasquez, de Fernand jaloux,
Après Colomb prime et commande.
Plus tard l'Espagne sans retour

S'enfuit devant la République...
Et puis un empereur, un jour,
Vient aussi passer au Mexique !

Un trône aurait-il des appas
A vos yeux où sa splendeur brille ?...
A vous crier je m'égosille :
« Dans ce pays-là n'allez pas,
Les souverains, on les fusille !
Avez-vous des fonds à prêter
A quelqu'intérêt fantastique ?...
Ah ! n'allez jamais les porter
Aux emprunts que fait le Mexique ! »

Bref, disons, sans calomnier,
Que chez eux, malgré la nature
Riche et propice à la culture,
Les Mexicains font peu briller
L'industrie et l'agriculture.
Mais, comme nous, Républicains,
Ils font beaucoup de politique...
Sur ce point-là les Mexicains
Ont l'air de Français au Mexique !

VICTOR LAGOGUÉE,

Membre honoraire,

LES MONTÉNÉGRINS

—

AIR : *En vérité, je vous le dis*

Si les peuples heureux sont ceux
Qui n'ont pas de réelle histoire,
Celui que je chante fait croire
Qu'il est de ces peuples heureux.
Sur la carte, il ne brille guère,
Et je puis vous parler de lui
Sans vous fatiguer, vous déplaire,
Et sans prolonger votre ennui.

Enfants de la Jchernagora,
Kara-Dagh ou montagne Noire,
D'être chasseurs ils se font gloire,
Jamais on ne les soumettra.
Braves, ils semblent ne rien craindre,
Mais leur faiblesse c'est qu'en vain
Au travail on veut les astreindre;
Ils ont tous un poil dans la main.

Ils pourraient cultiver leurs champs,
Ils pourraient cultiver leurs vignes,
Leurs vignes qui les feraient dignes
De cultiver aussi nos chants.
Mais aussi bien aux uns qu'aux autres
Chacun des leurs reste étranger ;
Appelés à juger les nôtres,
Les verrait-on se déranger ?

Mais ce qui confond ma raison
C'est que ce peuple dont l'armée
De vingt mille hommes est formée,
Ose s'attaquer sans façon
A cette Turquie imposante
Qui cent fois peut l'escarbouiller,
Et qu'il a su, chose plaisante,
Fort bien contraindre à reculer.

La raison du plus fort, n'est pas
— Vous voyez — toujours la meilleure :
Je viens de le prouver sur l'heure,
Et je vais m'arrêter, hélas !
J'ai fini la tâche petite
Que le sort m'avait su donner,
Proportionnée au mérite
Du rimeur qu'il faut pardonner.

SAINT-GERMAIN,
Membre titulaire.

LES NÈGRES

—

Air du *Nègre* (Henri Potier)

Nés dans le Mozambique,
Sous les feux du tropique,
Nous, bons nègres, avoir
La chaleur du terroir.
De nos jeunes négresses,
Aux visages lippus,
Nous aimer les caresses
Et les cheveux crépus.
Mais nous aussi, très nonchalants,
Très paresseux, très indolents,
Aimer, au Monomotapa,
A dormir sous un ajoupa.
Détester draperies,
Et pour tout attirail,

Porter verroteries
Et colliers de corail.
C'ètre nos seuls ajustements,
A la fois légers et charmants,
Et c'être là nos agréments.
Ah !
Quel beau sort c'est là !
Ah ! ah !
Dormir à l'ombre d'un thuya,
Faire l'amour, boire tafia,
Et puis danser la bamboula,
Notre existence, la voilà !

Hélas ! nous, pauvres nègres,
Autrefois moins allègres ;
Traités comme animaux,
Nous subi bien des maux.
Loin de notre rivage,
On a vu nous tremblants
Gémir en esclavage,
Sous le bâton des blancs.
Comme des agneaux éperdus,
Nous garottés et puis vendus,
Oui, vendus par des négriers
A des colons, des sucriers.
Nous planter canne à sucre

Pour les maîtres à nous;
Eux attraper le lucre,
Nous attraper les coups.
Pour les blancs, bons vins, bons fricots,
Et pour nous, pauvres moricauds,
Le pain dur, les noix de cocos.
Ah!
Quel sort c'était là!
Ah! ah!
Jamais de repos, de gala,
Jamais danser la bamboula :
Dans ce temps, cet affreux temps-là,
Notre existence, la voilà!

Mais contre race blanche
Le jour de la revanche
Pour nous être arrivé,
Sauveur s'être levé,
Et Toussaint Louverture,
Brûlant riches manoirs,
D'une longue torture
A vengé pauvres noirs.
Barras l'a nommé général;
Des beaux jours ce fut le signal,
Aujourd'hui nous être affranchis,
Et de toute tache blanchis.

Au pouvoir despotique
Moi plus ne me soumets;
A présent, domestique,
Mais esclave, jamais !
Partout bons nègres invités,
Comme citoyens sont traités ;
Eux pouvoir être députés.
            Ah !
    Quel beau sort c'est là !
            Ah ! ah !
Sans qu'un maître dise : holà !
Nous pouvoir danser bamboula.
Nous bien contents de ce sort-là,
Et notre histoire, la voilà !

EUGÈNE GRANGÉ,
Membre titulaire.

LES NUBIENS

Air de la *Femme à barbe*

En vertu d'la prescription
Des amateurs du vaudeville,
Ainsi que d'la permission
Des autorités de la ville;
Une troup' d'un genr' tout nouveau
Va donner ce soir au Caveau,
Sans que chacun sorte de table,
Une séance incomparable!..
Entrez, Mesdames et Messieurs,
C'est un spectacle curieux!
Venez dans la ménagerie
Voir les sauvages de la Nubie,
De l'Égypte ou d'l'Éthiopie!

Les estimables moricauds
De cett' galerie ethnographique,
Nous offrent les typ's les plus beaux
Qu'on puiss' rencontrer en Afrique;
Au parc d'acclimatation,
Ils ont fait l'admiration

Des savants, des naturalistes,
Des femmes et des journalistes.
Entrez, nègres et négrillons,
Formez vos sombres bataillons!
Venez dans la ménagerie
Visiter vos frèr's de Nubie,
De l'Égypte ou d'l'Éthiopie!

Du vêtement, aucun Nubien
Ne connaît l'emploi tyrannique ;
Et comme ils.se trouvent *nus bien*,
Facilement leur goût s'explique.
Mêm' la grand'maison du « Pont-Neuf »
N'leur a jamais fourni d'elbeuf,
Et par un' malechance insigne,
Ils n'ont pas chez eux d'feuilles de vigne...
Entrez, peintres et modeleurs,
Anatomistes et sculpteurs,
Venez dans la ménagerie
Voir les athlètes de Nubie,
De l'Égypte ou d'l'Éthiopie !

Pourtant, Mesdam's, rassurez-vous :
Ils sont couverts de cotonnades
De la ceintur' jusqu'aux deux g'noux,
Pour intercepter les œillades...
De plus, ils ont un fier toupet

6

Traversé par un gros carr'let,
Les ch'veux tressés en aiguillettes
Souples autant qu'des baïonnettes...
Entrez, perruquiers et coiffeurs,
Et vous, artistes posticheurs;
Vous aurez ici des modèles
De chevelures en ficelles
Pour créer des modes nouvelles !

Vous les verrez se déployer
Dans leur grand attirail de guerre :
Javelot, lance et bouclier,
Sans compter un lourd cimeterre.
Car, c'est un peuple très méchant,
Quand on l'attaque, il se défend.
Celui qui veut qu'on le redresse,
Peut leur faire une impolitesse !..
Entrez, soldats et caporaux,
Et même les territoriaux,
Venez dans la ménagerie
Voir les guerriers de la Nubie,
De l'Égypte ou d'l'Éthiopie !

Ils ont avec eux des lions
Et des panthères magnifiques ;
Dans ces lointaines régions,
Ce sont des bêtes domestiques.

Ils ont même aussi des chameaux,
C'qui vous prouv' que ces animaux
Sont, en Afriqu' tout comme en France,
Plus répandus qu'on le pense!
Entrez, Messieurs les chameliers,
Dompteurs, cornacs, animaliers,
Venez dans la ménagerie
Voir les fauves de la Nubie,
De l'Égypte ou d'l'Éthiopie!

« Mais, m'direz-vous très sensément,
» Toi qui nous parles de la sorte,
» Combien nous prends-tu, maintenant,
» Pour franchir le seuil de ta porte? »
— Messieurs, ce ne sera pour vous,
Ni vingt-cinq francs, ni mêm' deux sous.
Pour payer ce genr' d'exercice,
J'demand' seul'ment qu'on m'applaudisse!..
Entrez, Mesdames et Messieurs,
C'est un spectacle curieux!
Venez dans la ménagerie
Voir les sauvag's de la Nubie,
De l'Égypte ou d'l'Éthiopie!

LUCIEN MOYNOT,
Membre titulaire.

LES OTAÏTIENS

AIR : *C'est le gros Thomas*

Je suis aplati,
Et la chance est pour moi cruelle;
Sur Otaïti
J'ai beau me creuser la cervelle,
Dans mon hébêtement,
Je ne sais pas comment,
Pour la chanson que je dois faire,
Je vais pouvoir sortir d'affaire :
Les Otaïtiens,
Quels fichus paroissiens !

Pristi, sapristi !
Ce sujet est des moins fertiles ;
Cet Otaïti
Se compose de deux presqu'îles,
L'une : Oporéounou,
L'autre : Tiarrabou :
En voilà-t-il des noms sauvages!
Que dire de pareils rivages?

Les Otaïtiens,
Quels fichus paroissiens !

Ce peuple, autrefois,
Vivait à l'état de nature,
Ignorant nos lois,
Élevant sa progéniture.
Mais les navigateurs
Ont corrompu ses mœurs,
Et la contagion des vices
Exerça dès lors ses sévices :
Les Otaïtiens,
Quels fichus paroissiens !

Chez les habitants
De ces climats presque sauvages,
Jadis bien portants,
Vénus causa de grands ravages.
Buvant sans décorum
L'eau-de-vie et le rhum,
Ils se livraient avec furie
A la plus sale ivrognerie :
Les Otaïtiens,
Quels fichus paroissiens !

On leur dépêcha,
Plus tard, de bons missionnaires,

6.

Et, prêchi prêcha,
On instruisit ces insulaires.
Le roi fut converti,
Ainsi qu'Otaïti,
A la croyance apostolique,
Sans en être plus catholique :
    Les Otaïtiens,
    Quels fichus paroissiens!

Voilà qu'à leur tour
Dans l'île arrivent d'Angleterre,
Des protestants, pour
Exercer là leur ministère.
La reine Pomaré,
Les trouvant à son gré,
Patronne le protestantisme
Et bannit le catholicisme :
    Les Otaïtiens,
    Quels fichus paroissiens!

Mais la France alors,
Contre les protestants proteste;
C'est un de ses torts,
Car pour nous, ce fut une veste.
Laissons donc à l'écart
Cette affaire Pritchard,

Où ce peuple, dans son angoisse,
A déserté notre paroisse :
    Les Otaïtiens,
    Quels fichus paroissiens!

    Qui jamais croira
Que chez ce peuple débonnaire,
    Un jour, pénétra
L'esprit révolutionnaire,
    Et qu'à Papaïti
    Chef-lieu d'Otaïti,
Dans un accès démagogique,
On proclama la République?
    Les Otaïtiens,
    Quels fichus paroissiens!

    Ça n'a pas duré;
La République eut son béjaune,
    Et de Pomaré
Les fils se partagent le trône :
    L'un à Balabola,
    L'autre à Baiatéa,
Le troisième à Huébéïne...
Et là-dessus, moi je termine :
    Les Otaïtiens,
    Quels fichus paroissiens!

MAURICE ORDONNEAU,
Membre associé.

LES PATAGONS

—

AIR : *J'ai vu partout dans mes voyages*

Je vous reviens d'un long voyage,
Je viens de la terre du feu,
Dont les touristes d'un autre âge
Se sont occupés quelque peu.
Le Lapon vit en Laponie,
Et le Japonais au Japon,
Comme dans la Patagonie
Doit vivre aussi le Patagon.

J'ai vu ces races patagones,
Races de géants... sans mic-mac,
Comme Swift, sans blagues gasconnes,
Vit ces géants à Brobdingnac.
Je débarquais, venant de France,
Gai comme un vrai Parisien...
Quand d'un Patagon la présence
De moi fit un Lilliputien.

Ce géant, doux et bénévole,
Me présenta sa large main ;
Auprès de lui, sur ma parole,
Je semblais être un petit nain.
Presque nu, puant, à sa hutte
Il me conduit, et, sans façon,
Me montre une espèce de brute:
Mon géant n'était pas garçon.

C'était sa femme, une géante
Aux charmes flasques, aux poils roux ;
Autant que lui sale et puante,
Enfin, un vrai monstre, entre nous.
Toisant ma petite nature
Elle se prit d'hilarité,
N'y trouvant guère une mesure
A sa vaste capacité.

On allait donc se mettre à table,
Car c'était l'heure du repas ;
On m'invita d'un air affable,
Et moi je ne refusai pas.
J'étais curieux, je l'avoue,
D'être d'un sauvage régal...
Mais, las ! je fis fort triste moue
Au quartier tout crû d'un cheval.

Ce seul morceau, que l'on arrose
D'une eau qu'on devrait distiller,
Me donna l'air assez morose,
J'aurais bien voulu m'en aller;
Alors qu'une autre gentillesse
Dont je restai tout abruti,
Me fut faite par mon hôtesse...
Plein de terreur, je suis parti.

Je ne mens pas... car cet adage :
« A beau mentir qui vient de loin, »
Chez le touriste est en usage...
Je dis ce dont je fus témoin.
Le Patagon, la Patagone
Sont des géants laids et crasseux;
Si l'homme est bon, la femme est bonne,
Mais ils sentent mauvais tous deux!

GILBERT DUPREZ,

Membre honoraire.

LES PERSANS

—

Air : *Au temps heureux de la Chevalerie*

Sans faire en Perse un fatigant voyage,
Pour mieux traiter *de visu* mon sujet,
J'ai reconnu plus commode et plus sage
De m'éviter un aussi long trajet.
Près de chez moi, sur le bord de la Seine,
La Perse a fait un chalet somptueux;
Tous les matins, sans fatigue et sans gêne,
Je puis aller voir les Persans chez eux.

Depuis un an, sans prévoir que la chance
Me donnerait les Persans à chanter,
De deux Persans j'avais fait connaissance,
Et leurs travaux avaient su m'enchanter;
Je les ai vus, avec un art unique,
De millions de cristaux aiguisés,
Créer sans bruit leur coupole féerique
Où le jour perle en reflets irisés.

C'est pour le Schah, pour leur souverain maître.
Qu'ils ont construit ce *buen-retiro;*
Dans leurs splendeurs, il veut à fond connaître
Le Champ-de-Mars et le Trocadéro.
Pour les Persans, si mon cœur sympathise,
De l'Orient c'est qu'ils sont les Français,
Et le Schah semble adopter pour devise :
Vers le progrès marcher avec succès.

Peuple bronzé par le soleil d'Asie,
Il prit naissance en des temps fabuleux,
Il est rêveur, aime la poésie,
Et son esprit chérit le merveilleux;
Chaque Persan peut avoir plusieurs femmes.
Est-ce un bonheur pour ces pauvres Persans?
Soldats castrés du roi des Polygames
Dont la consigne est d'en garder trois cents.

On sait partout que les Persans sont braves,
Doux et polis, instruits, très érudits,
Intelligents et dociles esclaves,
Ils ont l'amour des plus brillants habits;
Leur luxe éclate à la fête des roses (1),
Leur foi suffit à les rendre joyeux,

(1) Fête nationale et religieuse.

Pensant que l'âme a sa métamorphose,
Que des houris les attendent aux cieux.

Au grand Congrès où trône l'industrie,
Quand des Persans nous voyons les produits,
Leurs fins tissus, leur riche broderie
Nous font rêver aux mille et une nuits;
Leurs armes sont des œuvres artistiques
Où l'or se mêle à l'acier de l'Iran;
Chiraz nous montre en flacons fantastiques
Le vin royal qu'on boit à Téhéran.

Tous les Persans, sobres par leur nature,
Aiment les fruits, ils en ont d'excellents,
C'est leur régal, aussi l'horticulture
Compte chez eux des hommes de talents;
Honneur à ceux qui cultivent la terre,
Nous leur devons la pêche et les lilas,
Et bien des fleurs dont la sève princière
A des senteurs dont on n'est jamais las.

J'aurais bien dû chanter l'antique Perse,
Tous ses héros, ses savants, ses auteurs,
Citer Cyrus, Tamerlan, Artarxerce (1)

(1) Beaucoup d'auteurs l'écrivent ainsi, quelques-uns seulement avec un s.

Et son prophète et ses réformateurs ;
Si je me tais sur son antique gloire,
Si j'ai chanté les Persans sans façon,
C'est qu'un pinceau convient seul à l'Histoire,
Et qu'un crayon suffit à la Chanson.

ALLARD-PESTEL,
Membre titulaire.

LES POLONAIS

AIR : Vaudeville de Mme *Favart* (PILATI)

D'un luth guidé par la folie
Adoucissant les joyeux sons,
Daigne inspirer, ô Poésie,
Un de tes humbles nourrissons !
Je dois, délaissant le comique,
Chanter, sur l'air que je connais,
Une nation sympathique
Qui fut le peuple Polonais.

Hospitalier, sincère et brave,
Sous le règne des Jagellons,
Ce peuple, d'origine slave,
Du progrès planta les jalons ;
Crédule autant que pacifique,
Chevelure blonde et teint frais :
Au moral ainsi qu'au physique,
C'est le portrait du Polonais.

En Pologne on garde mémoire
Du règne de Sobieski ;
Et l'on pleure en lisant l'histoire
Du brave Poniatowski ;
Ces rois qui, bravant la mitraille,
Portaient dignement le harnais,
Remplis de cœur, étaient de taille
A commander les Polonais.

Longtemps, l'histoire nous l'atteste,
Cette héroïque nation
Fut en butte au fléau funeste
Des guerres de religion.
Plus tard, l'Autriche et la Russie,
Jalouses de tant de hauts faits,
Du sol sacré de la patrie
Dépouillèrent les Polonais.

Malgré sa foi, son héroïsme,
Ce pays longtemps indompté
Vit tomber sous le despotisme
Son arbre de la liberté.
Cette liberté fut un rêve,
Mais est-elle morte à jamais ?
L'avenir peut rendre la sève,
A l'arbre saint des Polonais !

Autant que nous le peuple est sobre,
Nous affirment quelques auteurs ;
Or, d'où vient que du jus d'octobre
On les croit par trop amateurs ?
Quand de Noé le doux liquide
Est tant fêté chez les Français,
Pourquoi donc ce dicton stupide :
Se griser comme un Polonais ?

H. FÉNÉE,

Membre associé

LES PORTUGAIS

—

AIR : *Voilà, voilà la petite laitière*

Voilà, voilà des récits bien étranges !
   Nous allons faire un bon régal ;
Voilà, voilà le pays des oranges,
   Ah ! voilà le beau Portugal !

   Mais pour commencer, je me vois
   Au sein de la nuit la plus noire ;
   C'est aux Grecs, aux Carthaginois,
   Que doit remonter mon histoire,
   Et, chez les Lusitaniens,
   Que dire des Phéniciens ?

Passons aux rois et, sujet magnifique,
   Nous aurons les reines après ;
Pour adopter, chez eux, la loi salique,
   Trop galants sont les Portugais.

Mais les reines ont des amours,
Et chanter les rois, j'y renonce;
Les Portugais, presque toujours,
Sont gouvernés par un Alphonse;
C'est qu'où la femme règne, hélas!
Les Alphonses ne manquent pas.

De ces gens-là l'histoire nous désole,
Est-il récit plus affligeant?
Là, sur le trône, une reine meurt folle,
De la peste meurt le roi Jean.

Et quel sombre embrouillamini :
Intrigues, complots, luttes, guerres,
Jamais je n'en aurais fini,
Et tout ça ne vous plairait guères;
Passons bien vite aux novateurs,
Je veux dire : aux navigateurs.

Ce peuple fut un très grand peuple, certes,
Et c'est voyager qu'il aima;
C'est le pays des grandes découvertes,
Celui de Vasco de Gama.

C'est à deux Portugais amis
Que nous devons la connaissance

Du cap des Tempêtes. depuis,
Dit le cap de Bonne-Espérance.
Diaz (1). le premier le signala,
Vasco de Gama le doubla.

Puis du cap Vert, voguant vers Mozambique,
Et dépassant Madagascar.
Après avoir laissé bien loin l'Afrique,
Le voilà devant Malabar.

Bientôt après, à Calicut,
On signale son arrivée,
Et du voyage c'est le but,
Des Indes la route est trouvée.
Du Portugal, — des rois encor,
Cette époque fut l'âge d'or.

Mais de Jean III, l'histoire nous enseigne
A nous méfier des exploits;
Car désormais, l'inquisition règne
Avec les reines et les rois.

Puis, toujours les mêmes chansons :
On se révolte avec furie.

(1) Barthélemi ou Bartholomeo. Diaz 1486.

Chaque état que nous connaissons
Commence par la barbarie,
Et doit, hélas ! fatalement,
Finir par son commencement.

Le peuple est roi, l'étranger en profite,
Le roi d'Espagne est couronné,
Le voilà roi de Portugal, et vite,
Le Portugal est ruiné.

Le Hollandais prend son fusil,
L'Anglais suit sa route obstinée ;
Adieu la moitié du Brésil,
Adieu les côtes de Guinée,
Adieu tous les trésors acquis,
Adieu tous les pays conquis !

Mais on s'embrasse enfin au dernier acte ;
Oh ! charmante péroraison,
Avec les rois la Liberté contracte
Un mariage de raison.

Après tant de faits malheureux,
N'attendez pas que je chansonne
Le tremblement de terre affreux
Qui faillit supprimer Lisbonne,

Ni que je parle, bien ou mal,
De l'eau dite de Portugal.

Mais c'est de là que nous vient la romance,
    Et je dois constater cela ;
Oui, Garcia de Resende commence
    A soupirer ce genre-là.

Le premier recueil de chansons,
    C'est Garcia qui le publie ;
    Mais, comme nous ne connaissons
Rien de sa tendre poésie,
Ne pouvant rien vous en citer,
Je ne puis la complimenter.

J'ai terminé tous ces récits étranges;
    Qu'en dites-vous ? — ça m'est égal. —
Voilà, voilà le pays des oranges,
    Ah! voilà le beau Portugal!

CLAIRVILLE,
Membre titulaire

LES PRUSSIENS

—

Air du *Charlatanisme*

La Prusse accapare Hombourg,
Le Wurtemberg, la Hesse entière,
Le Brandebourg, le Mecklembourg,
Et le Hanôvre et la Bavière.
Moi, chanter tout cela ? — Jamais !
Quel courage il faudrait que j'eusse ;
A personne je ne plairais,
Et franchement, je rougirais
De chanter pour le roi de Prusse !

CLAIRVILLE,

Membre titulaire.

LES RUSSES

—

A S. A. I. MONSEIGNEUR LE CZAROWITZ

—

Air : *Non licet omnibus adire Corinthum*

Dans la moderne Europe et malgré son malaise,
Un peuple a conservé sa grande urbanité.
Même après nos revers notre langue française,
En Russie eut toujours son plein droit de cité ;
Nos vainqueurs allemands chez eux l'ont supprimée,
J'estime qu'en ceci, leur chancelier eut tort.
Adversaires courtois des combats de Crimée,
Les Russes sont restés nos seuls amis du Nord.

Ils ont la taille haute et joignent au courage
Cette noble vertu : la magnanimité ;
Dans leur regard profond, sur leur mâle visage,
On peut lire ces mots : force, audace, bonté ;

Leurs princes sont cités partout pour leurs largesses,
Amateurs distingués des arts et du confort,
Des mines de l'Oural les immenses richesses
Nous viennent par les mains de ces nababs du Nord.

Dans ce siècle trois fois aux Turcs ils font la guerre,
Pour accomplir le vœu du czar Pierre-le-Grand ;
Ce sol de Mahomet, qu'il convoitait naguère,
Le cosaque aujourd'hui le foule en conquérant ;
La Turquie est brisée et les fils du Prophète,
Par les Russes vaincus dans un suprême effort,
Ne pouvant plus lutter, doivent courber la tête
Devant les étendards de ces vaillants du Nord.

Selon le gai propos d'un homme politique,
Nul ne peut affirmer qui sera triomphant,
Si l'on voit éclater le duel athlétique
De madame Baleine et monsieur l'Éléphant,
John-Bull, n'imitez pas l'imprudente phalène ;
Avant d'aller au feu, réfléchissez, mylord,
Contre le fier espoir de milady Baleine,
Le succès peut rester à l'Éléphant du Nord.

Aux bords de la Néva naquit plus d'un Mécène ;
Peintres, comédiens sont prêts à l'attester.

Et les enchantements des rives de la Seine,
Un Russe novateur vient de les augmenter;
Désormais, en dépit de notre esprit sceptique,
L'adage sur lequel tout le monde est d'accord,
C'est que de Jablochkoff l'éclairage électrique
Prouve que la lumière, en effet, vient du Nord.

Les Russes, possesseurs du plus grand des empires,
Viennent avec bonheur vivre à l'étroit chez nous.
Sous notre ciel moins froid, le soleil et les rires,
Les femmes et les vins ont des charmes si doux ;
Entre Saint-Pétersbourg, Paris, Rome ou Byzance,
Je jure que leur choix serait Paris d'abord.
Puisqu'aux autres pays, ils préfèrent la France,
A plein verre je bois à ces Français du Nord !

EUGÈNE GARRAUD,
Membre titulaire.

LES SCANDINAVES

—

PRÉLUDE

Les peuples réunis en de joyeux tournois
Y chantaient tour-à-tour leurs exploits et leur gloire ;
Chacun vantait ses mœurs, son pays et ses lois,
Chacun marquait sa place aux fastes de l'histoire.
Du Nord et du Midi les groupes confondus
Avaient laissé loin d'eux tous sentiments de haine ;
C'était un avant-goût des moments attendus
Où doit fraterniser toute la race humaine.

Deux groupes élégants, s'avançant à leur tour,
Le regard souriant, teint frais, douce figure,
Les vêtements ornés d'une riche fourrure,
Entonnèrent leurs chants de combats et d'amour.

REFRAIN

Enfants de la Scandinavie,
Marins, mineurs, artisans ou soldats,
Dans notre cœur nous puisons l'énergie
Pour vivre heureux sous le ciel des frimats !

LE NORWÉGIEN

AIR : *Hymne officiel de Norwège*

Les harpes d'or des Bardes de Norwège
Ont célébré dans leur chant solennel
Nos fiers guerriers, nos montagnes de neige,
Notre patrie, Odin et ses autels.
       Digne patrie
       Toujours chérie,
A toi nos cœurs, nos bras et notre vie !
De nos aïeux honorons le séjour,
Ayons, comme eux, même ardeur, même amour !

    Enfants de la Scandinavie,
Marins, mineurs, artisans ou soldats,
Dans notre cœur nous puisons l'énergie
Pour vivre heureux sous le ciel des frimats !

LE SUÉDOIS

AIR : *Hymne officiel de Suède*

Et nous, Suédois, n'avons-nous pas
Nos fiers guerriers et nos combats,
    Et nos grands caractères !
Vasa, Gustave (1) et ses exploits,
Charles, le plus vaillant des rois ?

(1) Gustave Vasa, 1496-1560. — Gustave Adolphe, 1594-1632.

Ne sommes-nous pas frères ?
Avec les temps vivons d'accord !
La paix veut habiter la terre ;
Chantons, quand le progrès éclaire :
« Place aux peuples du Nord ! »

Enfants de la Scandinavie,
Etc., etc.

LE NORWÉGIEN

Quand de ses *fiords* le Norwégien s'avance,
Filets en main, pour exploiter les mers,
De ses labeurs il a pour récompense
Aisance et paix, biens au foyer si chers.
Forêts ardues
Et descendues
Par nos marins au Midi sont vendues.
Comme trésors, n'avons-nous pas encor
Tous les métaux, le plomb, l'argent et l'or !

Enfants de la Scandinavie,
Etc , etc.

LE SUÉDOIS

A nous le fer et l'or à nous !
A nous aussi trésors plus doux,

Où le savoir figure :
Gloire à nos universités !
Linné, dans les grands noms cités,
Est honneur et parure ;
Nos beaux-arts auront leurs succès :
Et la peinture et la musique ;
Nous brillons par la céramique ;
Le Nord a ses Français !

Enfants de la Scandinavie,
Vers le progrès montons, montons toujours !
Dignes d'honneur, soyons dignes d'envie ;
Toujours vaillants, la paix à nos amours !

———

ENVOI A S. M. LE ROI DE SUÈDE ET DE NORWÈGE, OSCAR II

SONNET

Toujours vive ou française, ou grave ou guillerette,
Aujourd'hui la Chanson a couru l'univers
Pour observer les mœurs, et, nouvelle gazette,
Aligner en couplets tous les peuples divers.

Sur les peuples du Nord un hasard qui me jette
M'y montre les Suédois, leur gloire et leurs revers ;
Hasard heureux pour moi. — Donc, ma muse imparfaite
Les chante de son mieux en de modestes vers.

Mais là n'est pas surtout le point que j'envisage :
De mes vers, Sire, à vous je voudrais faire hommage ;
Les agréerez-vous ? Je suis républicain.

Vous aimez, m'a-t-on dit, poésie et musique,
Et je les aime aussi : c'est ainsi que j'explique
Qu'au Poète le Roi pourrait donner la main.

ALFRED LECONTE,

Membre associé.

LES SIAMOIS

AIR des *Danses nationales*

Le hasard, d'intelligence,
A fait preuve cette fois,
En me désignant d'urgence
Pour chanter les Siamois.

Je suis très bien renseigné
Sur le royaume baigné
Par les ondes du Ménam,
Moi, consul du roi de Siam.

En premier lieu, ce royaume,
Comme population,
Parlant plus d'un idiome,
Compte mainte nation.

De Babel c'est le tableau,
Bref, c'est un méli-mélo
De Malais et de Chinois,
De Schongs et de Siamois.

Ces derniers, qui du boudhisme
Pratiquant l'antique loi,
Vivent sous le despotisme
Du Kong-Louang, maître et roi.

Je dois, dans ma loyauté,
Dire avec sincérité,
Et sans esprit de parti,
Que ce peuple est abruti.

Mais, outre leur prud'homie,
Les prêtres ou talapoins
Sont forts sur l'astronomie,
Et sur quelques autres points.

On récolte, en ce pays,
Tabac, benjoin et maïs,
Sucre, cannelle, coton,
Et des roses de Canton.

Ils ont, au lieu de voitures,
Des palanquins triomphants,
Ou bien encor, pour montures,
Ils prennent des éléphants.

Ce pays, par ses attraits,
Attira les Portugais,
Et plus tard, les Hollandais
Ont chassé les Portugais.

Depuis ce temps, la Hollande
Eut à Siam un campement,
Et sa marine marchande
Y prit de l'accroissement.

Que puis-je vous dire encor ?
Que ce peuple vit d'accord
Avec les marins anglais,
Annamites et malais ;

Que si, comme esprit il chôme,
En amour c'est un vrai coq,
Et qu'enfin, de ce royaume
La capitale est Bankok.

Voilà tout ce que je sais,
Et je crois que c'est assez ;
Mais si ça ne suffit pas,
Prenez-vous-en, dans ce cas,

Au sort qui d'intelligence
Aurait manqué cette fois,
En me désignant d'urgence
Pour chanter les Siamois !

A. GRÉHAN,

Membre associé.

LES SUISSES

—

AIR : *Heureux habitants des beaux vallons de l'Helvétie*

Peuple respecté
Des beaux vallons de l'Helvétie,
Partout réputé
Pour ta sagesse et ta bonté,
Je viens franchement
Te chanter avec sympathie,
Et je crois, vraiment,
Qu'on ne peut le faire autrement.

Jamais agresseurs,
Aux premiers temps de ton histoire,
De leurs oppresseurs
Tes ancêtres furent vainqueurs ;
Et, s'il faut ici
Montrer tes titres à la gloire,
Je puis bien aussi
Citer : Granson, Morat, Nancy !

Peuple respecté
Des beaux vallons de l'Helvétie,
Partout réputé
Pour ton courage et ta fierté,
Méprisant tes droits,
Si l'on menaçait ta patrie,
Tu serais, je crois,
Digne des Suisses d'autrefois.

Si ta pauvreté,
Ton bon sens et ta prévoyance
A ta liberté
Ont gardé sa simplicité,
On a pu te voir
Faire la guerre à l'ignorance,
Jugeant que : savoir
Pour l'homme libre est un devoir.

Peuple respecté
Des beaux vallons de l'Helvétie,
Partout réputé
Pour ton savoir incontesté,
La France a la foi,
Elle sort de son inertie,
Et, bientôt, crois-moi,
Pourra s'instruire comme toi.

En mettant ta croix
Sur le drapeau de l'ambulance,
N'as-tu pas des rois
Adouci les sanglants exploits ?
Et rien, pour ma part,
Ne prouve mieux ta bienfaisance
Que cet étendard
Qui des blessés est le rempart.

Peuple respecté
Des beaux vallons de l'Helvétie,
Partout respecté
Pour ton cœur plein d'humanité,
Qu'importe ton rang?
Va, ton œuvre qu'on apprécie
T'a rendu plus grand
Que plus d'un peuple conquérant.

Si, dans tes vallons,
Vers tes sommets couverts de neige
Lorsque nous allons,
Devant les prix nous reculons,
N'es-tu pas surpris,
Même aux jours où l'on les assiège,
Des modestes prix
Des hôtels de notre Paris ?

Peuple respecté
Des beaux vallons de l'Helvétie,
Jadis réputé
Pour donner l'hospitalité,
Ah! dorénavant,
Dans tes hôtels, je t'en supplie,
En nous recevant,
Écorche-nous donc moins qu'avant!

Mais sous les frimas,
Vaincus par toutes les misères,
Lorsque nos soldats
Vinrent se jeter dans tes bras;
Là, sans calculer,
Les accueillant comme des frères,
Tu sus les combler
De bienfaits et les consoler.

Peuple respecté
Des beaux vallons de l'Helvétie,
Partout réputé
Pour ta sainte fraternité,
Crois, de ces bienfaits,
Que la France te remercie,
Et vois à jamais
Un ami dans chaque Français!

L. JULLIEN,
Membre titulaire.

8

LES TARTARES

AIR : *C'est la faute à Voltaire*

Messieurs, voyez mon ennui :
Du sort une fantaisie
Veut que je chante aujourd'hui
Un des peuples de l'Asie.
Je le ferai sans façon,
Mais grâce pour ma chanson ;
 Car Tatars ou Tartares,
C'est le nom de ces barbares.

Sur ce mot rébarbatif
Il ne faut pas se méprendre,
Puisqu'il n'est qu'un collectif
Dans lequel on doit comprendre
Mongoliens et Boukariens,
Russes, Turcs et Sibériens.
 Ah ! Tatars ou Tartares,
Vraiment vous n'êtes pas rares !

Sur ce peuple, Malte-Brun,
Dans ses récits, s'extasie ;
D'après lui, ce doit être un
Des plus avancés d'Asie.
Il décrit le beau côté
De leur hospitalité :
  « Les Tatars ou Tartares,
« Dit-il, ne sont pas avares. »

Puis, de leur aménité,
Faisant un tableau splendide,
Il vante leur équité
Qu'il trouve parfois candide.
Et dit, songeant aux travers
Du reste de l'univers :
  « Les Tatars ou Tartares
« Ne demandent jamais d'arrhes. »

Donnant à l'instruction
Tout le soin qu'elle réclame,
Mieux qu'eux nulle nation
Ne s'attache au corps, à l'âme.
Ah ! combien d'Européens
Sont de tristes citoyens,
  Que Tatars ou Tartares
Pourraient bien traiter d'ignares !

Ils adorent de faux dieux ;
(En vérité, c'est dommage.)
Et sont superstitieux ;
(Ce l'est encor davantage.)
Chez eux, de par Mahomet,
Que de bourdes on admet !
   Oh ! Tatars ou Tartares,
Là, vous devenez bizarres !

En somme, ces braves gens
Sont meilleurs qu'on ne le pense ;
Travailleurs intelligents,
Et n'ayant pour récompense
Que la domination
D'une inepte nation,
   Car, Tatars ou Tartares,
Les Russes sont vos barbares !

JULES ÉCHALIE,

Membre titulaire

LES TURCS

AIR : *Non licet omnibus adire Corinthum*

O Turcs, que je vous plains de m'avoir pour poète !
Car, de votre valeur étant peu convaincu,
Je ne retrouve en vous qu'un peuple inepte et bête,
Et de plus, selon moi, votre empire a vécu.
Vos bras ne sont plus faits pour les rudes épées
Dont l'éclair fait trembler et dont l'ardeur soumet.
Ah ! cessez de rêver les grandes épopées ;
Non, non, vous n'êtes plus les fils de Mahomet !

Au temps de tes grands jours, ô peuple de Byzance,
Peuple victorieux, peuple vaillant et fort,
L'Europe redoutait ta trop grande puissance,
Ton nom jetait l'effroi chez les peuples du Nord.
Ces temps sont bien changés : populace insoumise,
Dont se montra si fier l'illustre Bajazet,
Tu changes de sultan bien plus que de chemise...
Non, non, vous n'êtes plus les fils de Mahomet !

8.

On chanta tes houris, tes superbes sultanes,
On vanta tes harems, les splendeurs du sérail;
Tes eunuques gardaient, loin des regards profanes,
Sans le moindre danger, ce séduisant bercail.
Vous vous ramollissez, au lieu d'être despotes
Pour ce troupeau craintif; et, ce que nul n'admet,
Vous vendez vos harems, pour subir des cocotes...
Non, non, vous n'êtes plus les fils de Mahomet!

Jadis, obéissant à la loi sage et sainte,
A la loi du Koran, ce précepte divin
Qui vous défend à tous l'alcool et l'absinthe,
Aucun de vous n'osait se permettre le vin.
De ce livre sacré toute ordonnance est vaine;
Derviches et pachas, cultivant le *plumet*,
Se trognonnent le nez, sept jours de la semaine...
Non, non, vous n'êtes plus les fils de Mahomet!

Les Russes de Stamboul ont donc franchi les portes!
Quoi! leurs drapeaux déjà flottent sur tes remparts,
Toi qui vis reculer ses nombreuses cohortes,
A l'aspect redouté de tes saints étendards!
Secouez votre joug, et pas de défaillance,
Usez de tous les droits que la guerre permet;
Mais retrouverez-vous votre antique vaillance?...
Non, non, vous n'êtes plus les fils de Mahomet!

Osmanlis qu'on trouvait et robuste et superbe,
Dont les plans d'avenir sont à jamais déçus,
Dans tes rangs on ne voit que des héros en herbe
Dont les faibles exploits restent inaperçus !
Vous ne brillez, hélas ! qu'au soleil de nos fêtes
Où, pour deux sous, chacun, visant votre sommet,
Peut venir essayer son biceps sur vos têtes...
Non, non, vous n'êtes plus les fils de Mahomet !

Vous rêvez de progrès ; chaque homme politique
Se livre sans vergogne au plus honteux métier ;
On fait argent de tout ; la cour devient boutique,
Tout ministre n'est plus qu'un vil boursicotier.
Vous n'avez plus ni mœurs, ni culte, ni croyance,
Vous riez du prophète et du ciel qu'il promet...
Inclinez-vous ! voici venir la décadence :
Non, non, vous n'êtes plus les fils de Mahomet !

F. VERGERON,
Membre titulaire.

LES TYROLIENS

—

AIR : *J'ai vu la Meunière*

Je vais chanter en si bémol,
    Sur un air d'antienne,
Les gais habitants du Tyrol;
    C'est œuvre payenne!
J'aurais dû choisir, j'en conviens,
Par égard aux musiciens,
      Une tyrolienne
      Pour mes Tyroliens,

Mais comme en fait de voix, vraiment,
    Chacun a la sienne,
Et que, de par le règlement,
    Je n'ai que la mienne
A faire entendre, je m'abstiens,
Dans ces couplets épicuriens,
      D'une tyrolienne
      Pour mes Tyroliens.

Ceci dit, arrivons au fait.
    Et quoi qu'il advienne,
Recherchons si quelque auteur fait,
    Dans l'histoire ancienne,
Le récit d'exploits stoïciens,
Accomplis par des faubouriens.
      A la tyrolienne
      Par les Tyroliens.

L'histoire est pauvre assurément,
    Mais, qu'on en convienne,
Il est drôle certainement
    Qu'un peuple provienne
D'Allemands et d'Italiens,
Et qu'on les appelle Autrichiens;
      Quelle tyrolienne
      Pour les Tyroliens!

C'est le sort des petits états
    (Que l'on s'en souvienne!)
D'être pour tous les potentats
    Terre mitoyenne.
Sous Auguste, de vils moyens
Des Romains font concitoyens ..
      Autre tyrolienne
      Pour les Tyroliens!

Puis, tour à tour, des Marcomans
    (Race hercynienne),
Des Goths, des Huns, des Allemands,
    La main césarienne
S'étendit sur ces plébéiens,
Pour les traiter en galériens.
      Plus de tyrolienne,
      Pauvres Tyroliens!

Le Tyrol est pour le moment
    Province autrichienne,
Mais qui, sous peu, probablement,
    Deviendra prussienne.
Tant pis, car quoique bohémiens,
Quels bons et braves citoyens,
      A la tyrolienne,
      Que les Tyroliens!

Et, pour parler du Tyrolien
    A la tyrolienne,
Disons que ni le Tyrolien,
    Ni la Tyrolienne,
Ne savent mentir au lien
Dont l'amour enlace si bien
      Une Tyrolienne
      Et son Tyrolien!

Jules ÉCHALIE,
Membre titulaire.

AUX MEMBRES DU CAVEAU

QUI M'ONT INVITÉ A LEUR BANQUET D'ÉTÉ

—

AIR : *Allez-vous-en, gens de la noce*

Le bec en l'air, à votre porte,
Rêveur, je croquais le marmot,
Quand hier un ami m'apporte
De votre part un petit mot.
Sur ce cher billet au plus vite
Je jette des yeux étonnés.
   Quoi, pour mon nez
   De tels dîners ?
C'est bien vrai : le Caveau m'invite
A son banquet des *mots donnés.*

Or, ce banquet, où nul profane
De pénétrer n'aurait le front,
Compte plus d'un Aristophane,
Plusieurs Horaces, maint Piron.
Donc, Phœbus, il faut que tu m'aides,
Car un proverbe suranné,

Mais bien prôné,
M'a taquiné;
C'est : Aux grands maux les grands remèdes...
En est-il pour un mot donné ?

Dans cette lice, où votre verve
Cueille un succès à chaque pas,
Rimeur en dépit de Minerve.
Me hasarder... je n'ose pas.
Ma muse n'a jamais pu mordre
A ces sujets déterminés ;
　　Vers retournés,
　　Airs fredonnés,
Rien ne la soumet aux mots d'ordre,
Même par le Caveau donnés.

Votre chanson, en politique,
Accepte tout pour ce qu'il vaut.
Demeurer toujours éclectique,
C'est la devise du Caveau.
Malgré bien des efforts contraires,
Au principe vous ramenez
　　Les obstinés.
　　Preuve ? Tenez :
Les peuples sont pour eux des frères ;
Pour vous ce sont des mots donnés.

Sur les méchants, sur la sottise,
Vous lancez un couplet moqueur,
Mais, si la bonne humeur l'attise,
L'esprit ne fait pas tort au cœur,
On peut rire d'un centenaire,
Mais jamais des infortunés.
      Ainsi, venez,
        Amis pannés!
Le Caveau, toujours débonnaire,
Pratique ce beau mot : « Donnez! »

Peuples divers, c'est votre thème,
Par tous heureusement suivi.
Moi, la chaleur est mon système,
Et *peuples d'été* m'eût ravi.
Réchauffez-moi donc par vos tapes,
Prouvez que vous me pardonnez,
      Tout bassinés
        De vers mal nés,
D'avoir pris part à vos agapes
Et fait faux bond aux mots donnés!

Eug. IMBERT,

Visiteur.

9

TABLE

—

Paris. — Typ. Ve Jules Juteau, pass. du Caire, 29-31

PARIS. Typ. JULES-JUTEAU et FILS. Passage du Caire. 29 & 31

www.ingramcontent.com/pod-product-compliance
Lightning Source LLC
Chambersburg PA
CBHW050017100426
42739CB00011B/2677